著

长杠杆

探索用户增长的 6 步法

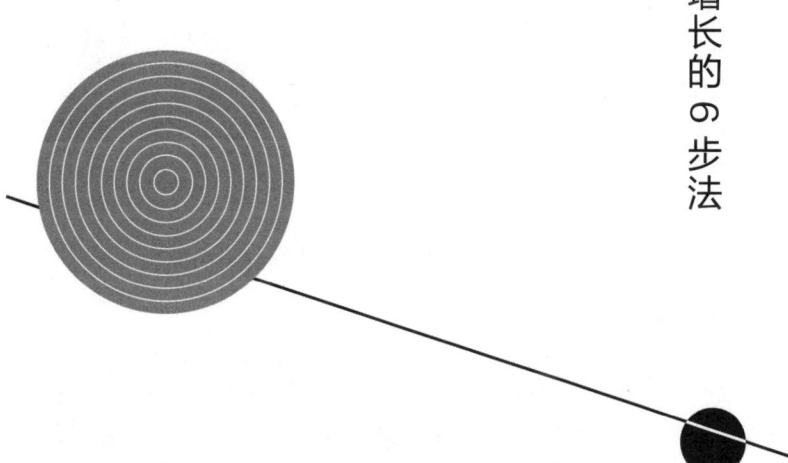

清华大学出版社
北京

内 容 简 介

本书作者回顾自己过去 9 年的用户增长工作经历，总结出一套可复用、可实操的用户增长方法论，可帮助用户增长从业人员轻松地解决未来在工作中可能遇到的难题。本书首先介绍了作者提炼的"用户增长 6 步法"，从案例、方法论、实践三个角度进行阐述；其次，讲解了用户增长工作中涉及的组织、AB 实验两部分内容，为读者分析了工作中容易遇到的问题并提出解决方法；最后，简要介绍了如何探索第二增长曲线。

本书适合企业家、创业者、用户增长团队的管理者、互联网产品经理或运营人员以及相关行业求职者阅读。

本书提供配套资源，请读者扫描书中二维码获取。

本书封面贴有清华大学出版社防伪标签，无标签者不得销售。

版权所有，侵权必究。举报：010-62782989，beiqinquan@tup.tsinghua.edu.cn。

图书在版编目(CIP)数据

增长杠杆：探索用户增长的6步法 / 卢壮华著.
北京：清华大学出版社，2025.6. -- ISBN 978-7-302-69329-1
Ⅰ. F713.365.2
中国国家版本馆CIP数据核字第2025NC6451号

责任编辑：施　猛　王　欢
封面设计：熊仁丹
版式设计：方加青
责任校对：成凤进
责任印制：沈　露

出版发行：清华大学出版社
　　　　网　　址：https://www.tup.com.cn，https://www.wqxuetang.com
　　　　地　　址：北京清华大学学研大厦 A 座　　邮　　编：100084
　　　　社 总 机：010-83470000　　　　　　　　邮　　购：010-62786544
　　　　投稿与读者服务：010-62776969，c-service@tup.tsinghua.edu.cn
　　　　质 量 反 馈：010-62772015，zhiliang@tup.tsinghua.edu.cn
印 装 者：三河市人民印务有限公司
经　　销：全国新华书店
开　　本：170mm×240mm　　　印　　张：9.5　　　字　　数：213 千字
版　　次：2025 年 7 月第 1 版　　印　　次：2025 年 7 月第 1 次印刷
定　　价：68.00 元

产品编号：110834-01

前言 PREFACE

1. 一句话概括本书核心内容

> 回顾自己过去9年的用户增长工作经历，我总结出一套可复用、可实操的用户增长方法论，用于解决未来可能遇到的用户增长难题。

如果尝试用一句话来概括本书的内容，我想会是如上这样。作为一个曾在国内三家大厂任职的产品经理、一个创业者，在用户增长领域工作9年以及历经几次创业之后，我有一个非常强烈的欲望——从过往的经验中总结出一套属于自己的、逻辑顺畅、体系完整、可以持续复用的用户增长方法论，让我在未来面对每一项产品的用户增长工作时都知道应该怎么做！

在本书中，"寻找杠杆"的思维贯穿用户增长探索的全过程，这也是我的用户增长思想的核心。我认为应该抛弃面面俱到的精细化思维，把资源集中在"关键杠杆"上，这也是我把这本书的书名定为"增长杠杆：探索用户增长的6步法"的原因。我将会在这本书中向读者介绍我对用户增长工作的一些思考。

2. 这本书的由来

2023年10月，我开启了本书的创作。当时我把自己关在深圳宝安518创意园的一家咖啡店里面，每天靠着两杯咖啡续命，用一个月的时间创作完成本书的核心内容。

写完之后，我把文章分享到微信公众号、知乎、人人都是产品经理等平台。非常荣幸的是，文章在分享当周就登上了人人都是产品经理官网头条。

后来，我通过在各大厂工作的朋友得知，我的文章被前东家金山办公相关业务团队收录为内部学习材料，还被转载到阿里云内部学习社区中。

令人自豪的是，通过这篇文章我认识了很多在大厂里做用户增长工作的朋友，并获得了他们的认可。更加让我感动的是，有很多读者在看了我的文章之后，结合自己的业务，按照我提供的思路，设计出更符合他们自身情况的用户增长方案，并且还带着脑图和方案找我讨论和交流。还有很多正在求职的朋友，他们尝试用这套思路梳理自己的工作经历，用于求职和面试，并且成功地找到了工作，当他们兴奋地向我报喜时，我比他们更加开心和兴奋。

2024年9月，我非常荣幸地收到了清华大学出版社的邀请，编辑希望我能够将用户增长部分的内容出版成书，我非常乐意地接受了。当我系统梳理这部分内容的时候，我尝试重新思考用户增长这个问题。在过去一年里，我再次创业，做了一个属于我自己的AI产品"AI快研侠"，并且一直在创业项目中践行自己的用户增长方法论，以及实现产品的用户增长。一年之后再次回顾，我又有一些不一样的认知和收获，我想把这些内容总结到书中，在此非常感谢清华大学出版社给我这个机会！

在2024年最后三个月里，我每天在处理创业项目相关工作之余，都会抽出一两个小时重新梳理过去一年创作的内容，从中提取最重要的部分补充到本书中。在创作本书过程中，我要特别感谢我的读者，他们真诚地给我提供了很多建议，告诉我很多我的文章带给他们帮助的故事，以及他们在实际工作中遇到的问题和困难，为我创作本书增加了不少灵感和素材！

3. 本书介绍

1）我为什么要写这本书

(1) **沉淀自己的用户增长方法论**。当我遇到一个新产品，需要制定这个产品的用户增长策略时，有个问题一直困扰我：我能不能有逻辑、成体系地设计一个用户增长方案，而不是凭借各种案例和经验获得灵感？因为这种不成体系的做事方式会让人感觉不踏实，所以我觉得，我有必要总结一套用户增长方法论，用于指导我在工作中遇到的用户增长问题。

(2) 帮助那些同样致力于用户增长的朋友。 除了将这套方法论应用到自己的工作中，我也开始思考这套方法论对于那些资源有限的创业公司来说是否适用，能否帮助他们找到用户增长的方向。在过去的一年多时间里，我先后为三家中型企业提供用户增长方面的咨询服务，帮助这些企业梳理用户增长策略并跟进策略落地。在这段经历中，我感受到不少中小企业和创业公司存在如下几个问题。

① 没有明确的用户增长策略。很多中小企业甚至连一份简单的产品用户增长方案都没有，也不知道怎么搭建有利于用户增长的企业组织，产品、运营、销售等团队各干各的，大部分人不知道应该把公司的资源集中在什么方向上。

② 缺乏科学的决策。有些企业虽然有一个明确的方向，但是这个方向是几个管理者拍脑袋决定的，没有经过验证就直接向下传达，让执行层开始做事，他们其实也希望能够学习大厂做科学决策的方法。

③ 错误的做事和验证方法，得出错误的结论！有些企业制定了明确的策略，但是在落地执行的时候，他们采用了错误的做事和验证方法，用一些经不起考验的结果数据，得出了一些错误的结论，误导了大家，导致大家很快放弃继续尝试。我经常听到一些老员工说这个思路我们试过了，结论是不可行。如果拿出当初的数据看一看，可能会发现验证方法和结论都是不严谨的。

基于这些经历，我想尝试把解决这些问题的方法写下来，希望能帮助更多的人和企业，可能目前我的认知水平还不够，但是我会竭尽所能让方法更完善。

2) 本书主要包括哪些内容

本书包括4部分内容，分为7章，图0-1为全书的内容框架。

```
┌─────────────────────────────────────────────┐
│              用户增长6步法                    │
│     ┌───────────────────────────────┐       │
│     │   1. 确定用户增长的北极星指标    │       │
│     ├───────────────────────────────┤       │
│     │   2. 认清合适的用户增长驱动模式  │       │
│     ├───────────────────────────────┤       │
│     │   3. 确认用户增长的核心杠杆      │       │
│     ├───────────────────────────────┤       │
│     │   4. 寻找用户增长的魔法数字      │       │
│     ├───────────────────────────────┤       │
│     │   5. 基于魔法数字设计用户增长策略 │       │
│     ├───────────────────────────────┤       │
│     │  6. 通过AB实验验证用户增长策略效果│       │
│     └───────────────────────────────┘       │
│                                             │
│  ┌─────────┐   ┌─────────┐   ┌─────────┐   │
│  │ 如何建设 │   │如何"科学"地│   │如何寻找用户│   │
│  │用户增长团队?│ │做一场AB实验│ │第二增长曲线?│  │
│  └─────────┘   └─────────┘   └─────────┘   │
└─────────────────────────────────────────────┘
```

图0-1 用户增长知识框架

▶▶ **第1部分：用户增长6步法**(第1~4章)。这部分为全书的精华和核心部分，在这部分，我会重点分享如何通过用户增长6步法形成用户增长策略并验证其效果，通过1个大厂用户增长案例、1套通用用户增长方法论、1次用户增长创业实践，从3个角度分别阐述用户增长6步法。

▶▶ **第2部分：如何建设用户增长团队**(第5章)。在这部分，我主要从组织架构的角度介绍企业在开展用户增长业务的时候如何合理地设计组织架构，从而确保组织协作是有利于用户增长的。

▶▶ **第3部分：如何科学地做一场AB实验**(第6章)。在这部分，我主要讲解如何正确地做AB实验，从而验证用户增长策略的有效性。我会分享AB实验常见的问题和误区，讲解实验原理，并通过一个案例带大家做AB实验。

▶▶ **第4部分：如何寻找用户第二增长曲线**(第7章)，在这部分，我会分享当一个产品已经发展得比较成熟的时候，如何寻找用户第二增长曲线，从而找到新的用户增长点。

3) 本书适合哪些人阅读

(1) **企业家、创业者**：已经有现成的产品或服务，有清晰的商业模式，正在思考如何实现用户增长的朋友。这里先假设你的产品或服务已经成熟，并且商业模式是清晰的，因为这些条件是用户增长的前提。我不在本书中讨论商业模式、市场调研、产品定位等前置问题，因为这些问题本身都是很大的命题，我就聚焦一个点——当你已经有了产品或服务，怎么实现用户增长？

(2) **用户增长团队的管理者**：负责公司用户增长业务，想要制定一份完善的用户增长规划，以及想要了解和学习用户增长方法的企业管理人员。

(3) **互联网产品经理、运营人员**：负责某个互联网产品用户增长或正在思考怎么做用户增长的产品经理和运营人员。

(4) **求职者**：正在求职，希望系统地梳理自己的工作经历，尽快找到下一份工作的朋友。

4) 阅读本书，你将收获什么

(1) **掌握大厂人的用户增长方法论**。用户增长是一门科学！我在几家大厂任职时，认识了很多优秀的朋友，在与他们共事和交流的过程中，我发现大家实现用户增长的思路和方法很相似。如果你真正掌握了本书的内容，你就可以像大厂人一样推动自己企业的用户增长。同时，你也可以了解他们是怎么进行验证和决策的。

(2) **学会设计逻辑严谨、有说服力的用户增长策略**。在本书中，我会提供具体的操作步骤和工具，其中涉及数据分析、用户调研、思考模型等，可以助力你设计一套经得起考验、逻辑严谨、有说服力的用户增长策略。

(3) **学会用于解决实际问题的用户增长模型**。你在过往的学习和工作经历中，或多或少会了解到各种各样的用户增长模型，比如上瘾模型、用户体验地图等。这些模型只能解决单点问题，你是否想把这些模型串联在一起，放到用户增长的整个思考链条中？在本书中，我会全链路地介绍你在实践中可能遇到的问题，以及解决具体问题适用的模型。

5) 本书特色

(1) **方法论可复用**。本书阐述的用户增长方法论，经过个人多次验证，适用于不同领域的产品。我已经利用这套方法论为多家中小型企业提供了服务，同时将其应用于我的创业产品"AI快研侠"的用户增长实践中并通过了验证。此外，不少读者在看完我的文章之后，也成功地按照这套方法论设计出属于自己的产品用户增长策略。

(2) **尽量只讲一个案例**。在讲解用户增长案例的时候，我会尽可能地在全链路中只分享一个案例，而不会为了说明部分模型和方法的有效性，将多个不同的案例拼接在一起，因为只有在一个完整的案例中从头至尾行得通才能说明方法论的可复用性，才能确保大家在实操的过程中保持逻辑闭环，避免逻辑断层。

(3) **大部分的经验和思路来源于实战**。本书中提到的大部分经验和思路(第5章比较特殊，需要更多的参考案例)来源于个人真实的工作经历和创业经历，所以我在写这些内容的时候会有更多深刻的感悟。

4. 作者介绍

我毕业于华南理工大学，曾在国内三家互联网大厂担任用户增长产品经理，有多段从0到1的用户增长实践经历。

目前，我是国内数家中小型企业商业增长签约咨询顾问，为企业提供用户增长咨询服务，在更多需要我的企业里践行我的用户增长方法论。

同时，我也是一位AI创业者，我们公司的产品是AI快研侠——一个用AI提升研究效率的产品。

此外，我还是公众号、小红书平台的创作者(账号：三白有话说)。

我一直专注用户增长和商业化领域，擅长软件运营产品(software as a service，SaaS)的用户增长和商业化工作，我致力于"效率提升"研究，同时也是AI和大模型的忠实信徒、实践者和爱好者。

5. 勘误

由于本人水平有限，工作经验可能也不足，在很多用户增长专家面前有班门弄斧之嫌，书中如果有阐述不当或者描述不正确的内容，恳请大家批评指正，我本人非常愿意向更加专业的朋友学习，您可以通过我的微信公众号"三白有话说"联系我，或者将您的建议发送到出版社的邮箱wkservice@vip.163.com。

6. 致谢

  首先，我要感谢我的爱人，谢谢她对我创作的鼓励和支持。其次，我要感谢我任职过的公司，为我提供了广阔的平台，让我有机会见识到亿级用户规模的产品运营，同时我要感谢很多优秀的同事、导师，教会我有关产品、用户、数据方面的知识，向我分享他们的经验。再次，我要感谢我的读者，他们简单的点赞和热心的反馈，激发了我持续创作的热情。最后，我要感谢清华大学出版社，给了我人生第一次出书的机会。

作者
2025年3月

目录 CONTENTS

第1部分 用户增长6步法/001

第1章 什么是用户增长/002

第2章 用户增长6步法：大厂用户增长案例/004
2.1 确定用户增长的北极星指标/006
2.2 认清合适的用户增长驱动模式/007
2.3 确认用户增长的核心杠杆/008
2.4 寻找用户增长的魔法数字/016
2.5 基于魔法数字设计用户增长策略/020
2.6 通过AB实验验证用户增长策略效果/029

第3章 用户增长6步法：方法、模型和概念/031
3.1 确认用户增长的北极星指标/032
3.2 认清合适的用户增长驱动模式/033
3.3 确认用户增长的核心杠杆/036
3.4 寻找用户增长的魔法数字/043
3.5 基于魔法数字设计用户增长策略/050
3.6 通过AB实验验证用户增长策略效果/056

第4章 用户增长6步法：我的创业增长实践/058
4.1 我的创业产品：AI快研侠/059
4.2 确定用户增长的北极星指标/060
4.3 认清合适的用户增长驱动模式/061
4.4 确认用户增长的核心杠杆/062
4.5 寻找用户增长的魔法数字/068

4.6　基于魔法数字设计用户增长策略/073

　　4.7　通过AB实验验证用户增长策略效果/085

　　4.8　对产品未来用户增长的思考/087

第2部分　用户增长组织/089

第5章　如何组建用户增长团队/090

　　5.1　用户增长也是一门"组织"管理的学问/090

　　5.2　科学地组建用户增长团队的重要性/090

　　5.3　大厂用户增长团队组织设计/092

　　5.4　如何合理地建设用户增长团队/094

第3部分　AB实验/105

第6章　如何"科学"地做一场AB实验/106

　　6.1　为什么要强调"科学"/106

　　6.2　AB实验的常见误区/107

　　6.3　如何科学地设计AB实验/108

　　6.4　科学设计AB实验有什么好处/114

　　6.5　AB实验中如何解决实验分流问题/115

　　6.6　并不是所有的产品和业务都需要AB实验/120

第4部分　第二增长曲线/123

第7章　如何寻找用户第二增长曲线/124

　　7.1　为什么要寻找用户第二增长曲线/124

　　7.2　什么是用户第二增长曲线/126

　　7.3　用户第二增长曲线的行业案例/128

　　7.4　如何探索用户第二增长曲线/131

附录/136

后记/137

第 1 部分
用户增长 6 步法

第1章　什么是用户增长

当我们提及用户增长的时候，很多人首先想到的是花钱投广告，但这并不是本书定义的用户增长，本书提及的用户增长，主要指以"不花钱为产品投广告"的方式带动的用户增长。在这里，我引用《硅谷增长黑客实战笔记》作者曲卉的一段话来定义用户增长：

> 用户增长的精髓是一套体系和方法，它以数据为驱动，以实验的方式，系统地在用户生命周期的各个阶段(包含用户获取、激活、留存、推荐、变现、回流等)，寻找当下性价比最高的机会，在具体执行上横跨市场、产品、工程、设计、数据等团队，通过快速迭代实验的方式达到目标。

从曲卉的定义中我们可以看到，用户增长有如下几个特点。

(1) **以数据为驱动**。在推动用户增长的整个过程中，高度依赖数据进行决策。

(2) **寻找性价比最高的用户增长机会**。和过往精细化运营的思维不同，在推动用户增长的过程中，要追求增长效益更高的增长杠杆。

(3) **横跨多个专业领域和团队**。用户增长不是一个团队就能完成的事情，必然牵扯到企业内多个业务团队，需要多个专业领域的人员协同配合。

(4) 通过持续的用户增长实验达成用户增长目标。用户增长策略的有效性需要通过AB实验验证,用户增长的过程离不开持续的AB实验。

为了避免大家误解,我想我有必要在本书第1章把用户增长的概念讲清楚。本书中所提及的用户增长,基本都是围绕着产品、运营、数据、组织等维度展开的,不涉及任何广告投放、品牌营销内容。

第2章　用户增长6步法：大厂用户增长案例

在本章，我将介绍一个某大厂从0到1快速实现用户增长的产品案例。该产品是一款同时面向C端个人用户和B端企业客户的办公协同SaaS产品，主要用于提升办公群体的沟通协作效率。该产品初期月活人数仅数万，在不到一年的时间里注册用户破亿，并保持稳定增长，我将其用户增长过程概括为6个步骤。

为了方便描述，下面将此SaaS产品统称为产品M。

产品M是如何快速实现用户增长的呢？

很多人将过去几年办公SaaS产品用户的急速增长归因于客观环境的刺激，他们觉得大厂依托自己的资源和背景，快速实现产品的用户增长是非常轻松的事情。

这里存在一些误解，事实上快速实现用户增长并非这么简单。我们必须承认，疫情极大地刺激了很多云办公产品的增长，但是这只能解释当时的短期增长，因为这些新增用户通常来得快、走得也快。疫情结束之后，相应的用户本应流失，但是这款产品的用户却依然保持着较快增长。这就说明，这款产品有足够的产品力和正确的业务策略，否则是无法留住用户的，所以我们不能简单地将该产品的用户增长归因于疫情的影响。

至于依托大厂的资源和背景，事实上也没有大家想象的那么轻松。在大厂做过用户增长工作的朋友会有同感，内部流量资源的使用，同样是需要计算成本的，并不是想用就能用。从另外一个角度看，在同样的时间点，其他几个大厂在该领域也有相应的产品布局，资源投入也不见得少，为何他们产品的用户规模就没有快速增长？因此我们也不能简单地将用户增长归因于大厂的资源和背景。

那么，这个产品团队究竟做了哪些事情推动了用户的持续增长呢？

一个产品的用户增长必然是多因素影响的结果，很难简单地将其归因于某几件事情，但是我认为产品M团队至少做对了以下几点，从而驱动了其产品的用户增长。

(1) **产品力**。**持续创造价值，保持用户至上的产品观，打造极致的产品体验**。过去几年里，产品M依然保持着快速的迭代，陆续新增很多产品功能，持续创造价值。即使在这样的情况下，产品M依然保持着简洁的使用体验，而不是越做越复杂。这有助于形成良好的产品口碑，提高用户留存率。我认为这是产品M用户增长的基石。

(2) **开放**。**通过产品应用的开放，与千行百业建立合作关系，贡献千万级规模的用户增长**。产品M通过开放API(应用程序接口)，可以插件的方式植入教育、培训、招聘等行业的产品中。这不仅弥补了相应行业产品在部分能力上的短板，还为产品M实现了引流的目标。根据产品M的公开数据，应用开放贡献了千万级的用户增长。

(3) **竞争力**。**不断追赶竞争对手，构建竞争差异**。从早期一直学习和追赶主要竞争对手，到后来逐步超越竞争对手，产品M不断进行产品创新，逐步形成与主要竞品的差异，这是其持续发展的基础。

(4) **用户和场景**。**聚焦产品关键使用场景，致力于核心用户的运营与拓展**。产品M聚焦有利于活跃用户快速增长的关键使用场景和核心用户群体，比如以老师群体为核心的教育场景以及以员工为核心的企业培训场景等，为相应场景和人群提供完整的产品解决方案，从而实现用户增长。

(5) **生态拓展**。**持续拓展产品生态，不断完善产品**。从软件生态到硬件生态，产品M不断扩展其产品边界，在整个赛道内完整布局，弥补短板，从而能更好地和整个赛道的竞争对手抗衡。

当然，上面提到的这些用户增长策略，现在看起来都比较抽象，不太容易理解，接下来我主要列举其中两个成功案例，同时介绍如何通过"用户增长6步法"逐步确定及验证这两个增长策略的效果。

案例1：将产品能力以API的方式向不同行业服务商开放，拓展教育、培训等使用场景，为产品M贡献千万级用户增长(参考业务公开数据)。

案例2：通过福利奖励等方式，重点提升关键群体(老师群体)的用户留存率。

2.1　确定用户增长的北极星指标

很多业务人员会以App(应用程序)的DAU(日活跃用户数)、MAU(月活跃用户数)来衡量用户规模。为了量化用户增长的目标，我们将"月有效活跃用户数量"作为用户增长的北极星指标，也就是一个月内完成产品核心体验的活跃用户数量，基于此设计如下逻辑。

1. 为什么选择有效活跃用户，而不是启动App的用户

选择有效活跃用户，主要是为了过滤那些"注水"的用户，避免虚假的用户增长。对于业务而言，有效活跃用户才是有价值的用户，这也给增长团队提出了更高的标准。

2. 为什么按月统计

这里主要考虑产品M是一个办公类产品，没有高频需求，为了相对合理地衡量其用户增长状况，我们选择按月统计。

因此"月有效活跃用户数"就是我们定义的MAU，也是我们定义的用户增长的北极星指标。

2.2 认清合适的用户增长驱动模式

2.2.1 一开始我们做了什么

当时产品M属于新兴产品，国内没有可以参考的产品，所以一开始增长团队的同事也不知道应该从哪里切入。由于增长团队里有很多在社交娱乐等领域负责用户增长的同事，于是我们便根据C端运营工作经验，尝试做了拉新裂变等运营活动，做用户福利激励，与公司内部的游戏产品合作，试图通过C端运营提升活跃用户的规模。

2.2.2 在无效的尝试中醒悟

可想而知，以上这些方法没有产生太大的效果。我们逐渐意识到，用户是否使用产品，是由是否具有需求决定的，他们并不会为了领取奖励或参加运营活动而使用产品，我们做的事情并没有发挥太大的作用。

对于一个协同办公类SaaS产品，它的用户增长是由产品价值驱动的，而不是通过运营驱动的。后来，我们在逐步摸索的过程中，放弃了以运营驱动用户增长的模式，将工作重心转移到挖掘产品的使用价值和创设使用场景上，结果证明这是正确的思路。

2.2.3 认清产品的用户增长驱动模式，避免一开始就走错方向

不同类型产品的用户增长驱动模式是不同的，采用错误的用户增长驱动模式，就好像给一台烧汽油的汽车加了柴油一样。所以在设计用户增长策略之初，我们应该先明确驱动用户增长的核心因素是什么，否则容易走错方向。在"第3章 用户增长6步法：方法、模型和概念"部分，我总结了常见

的4种互联网产品用户增长驱动模式,在这里暂不展开。

2.3 确认用户增长的核心杠杆

在结束诸多尝试之后,我们开始思考产品M的核心用户增长策略是什么?也就是说,如果我们只聚焦少数几个策略,集中资源只做几件事情,以达成用户增长目标,那么我们应该做哪几件事?我把这几件事称为用户增长的核心杠杆,通俗一点讲,就是投入成本更低、增长效果更好的策略。

那么,我们应该通过什么方法合理地确定用户增长的核心杠杆?现在总结起来,我们当时主要通过用户增长公式模型,逐步明确用户增长的核心杠杆,建立这个模型主要有以下3个步骤。

第一步:确认影响增长的关键用户角色,定义产品的用户增长公式

我们当时设计了以下两个以MAU指标衡量的用户增长公式。

用户增长公式1:MAU=协作发起人MAU+协作参与人MAU

用户增长公式2:MAU=协作发起人MAU x 平均裂变系数

> 对协同办公类产品而言,用户通常扮演两种角色,一种是协作发起者或创建者角色,另外一种是协作参与者角色。以在线协同文档类产品为例,创建协同文档的用户是发起人,发起人会召集更多用户加入文档中。公式2中的平均裂变系数表示平均1个协作发起人可以带来多少个协作参与人。

根据用户增长公式1，提升有效活跃用户数的目标就是同时提升**发起人和参与人这两种用户角色的规模**。在这个策略的指导下，我们所有的工作都聚焦在这两个群体的增长上。比如在获客运营上，既想办法提升发起人潜在群体(例如老师、人力资源管理从业人员等)的规模，又想办法提升参与者群体(例如学生、企业员工等)的规模，运营了一段时间之后，我们发现这种方式存在如下3个问题。

(1) **这是一个资源平均分配、面面俱到、没有聚焦点的策略。**

(2) 在协作场景里，**实际上协作发起人才是关键决策人和影响者**，协作发起人使用什么产品，决定了参与人使用什么产品。

(3) **单位成本下，新增一个协作发起人对用户增长的贡献可能是新增一个参与人的很多倍**，因为一个发起人通常会贡献很多个参与者。

基于以上3点，我们意识到，我们应该把资源聚焦在协作发起人这个角色上。产品M用户增长的核心目标就是促进协作发起人用户规模的增长，因为协作发起人数量的增长会带动参与者数量的增长。

基于这个思考，我们开始使用用户增长公式2，也就是说，提升MAU的方法主要有以下两种。

> (1) 想办法提升协作发起人的活跃用户规模。
> (2) 想办法提高协作发起人的裂变系数。

第二步：对用户增长公式进行下钻拆解，确认用户增长策略

确认好用户增长公式之后，要对用户增长公式做进一步拆解，并基于不同的维度确定用户增长策略。

针对协作发起人MAU这个指标，我们可以**基于发起人的用户活跃状态和用户群体**这两个维度做进一步的下钻拆解；而针对平均裂变系数，我们可以基于**使用场景**做进一步的下钻拆解。完整的拆解过程如图2-1所示。

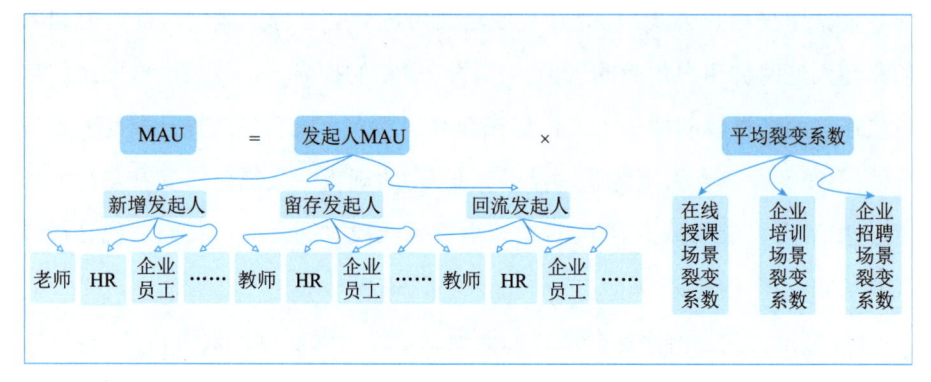

图2-1　产品M的用户增长公式拆解

1. 发起人MAU指标拆解

1) 基于用户活跃状态拆解，确认新增、留存、回流策略的优先级

发起人按照用户活跃状态分为新增发起人、留存发起人、回流发起人3种。

(1) 新增发起人，即当月新增的协作发起人用户。

(2) 留存发起人，即上个月活跃，这个月继续活跃的发起人用户。

(3) 回流发起人，即以前活跃，但是上个月不活跃，这个月活跃的发起人用户。

> **备注** 这是一种主流的用户划分方式，可以清晰地看到活跃用户的分层状态和类型。

因此，从用户活跃状态的角度看，促进发起人用户增长的策略有以下3个。

(1) 持续地获取更多的新发起人用户。

(2) 促使最近活跃的老发起人用户继续活跃。

(3) 引导已经流失的发起人用户回流。

吸取之前的教训，我们时刻记住一点——不要什么都做，要有重点。那么我们应该优先做什么呢？以下是我们当时的思路。

第一，从增长价值的角度看，我们已经积累了上亿注册用户，在投入相同的情况下，留住1个活跃的老发起人用户可以带来N个参与者，而新增1个发起人用户只能带来M个参与者($N>M$)，所以留住1个活跃的老发起人用户的价值明显高于新增1个发起人用户的价值。

第二，从难易程度的角度看，获取1个新用户的成功概率是$X\%$，而老用户回流的概率只有$Y\%$($X>Y$)，所以做回流工作的难度比较大，发起人新增工作的优先级要高于发起人回流工作。

2) 基于目标人群进一步拆解，确认留存和新增的关键目标人群

厘清用户留存和新增的重要性后，下一步我们需要知道应该重点留住哪些用户，又应该新增哪些用户？

我们可以按照目标人群的维度做进一步拆解，构建一个**用户价值四象限模型来确认核心目标人群**。

(1) 构建留存发起人"渗透率"和"次月留存率"的四象限模型(见图2-2)。在这一模型中，某一人群发起人的渗透率=目标人群发起人MAU/

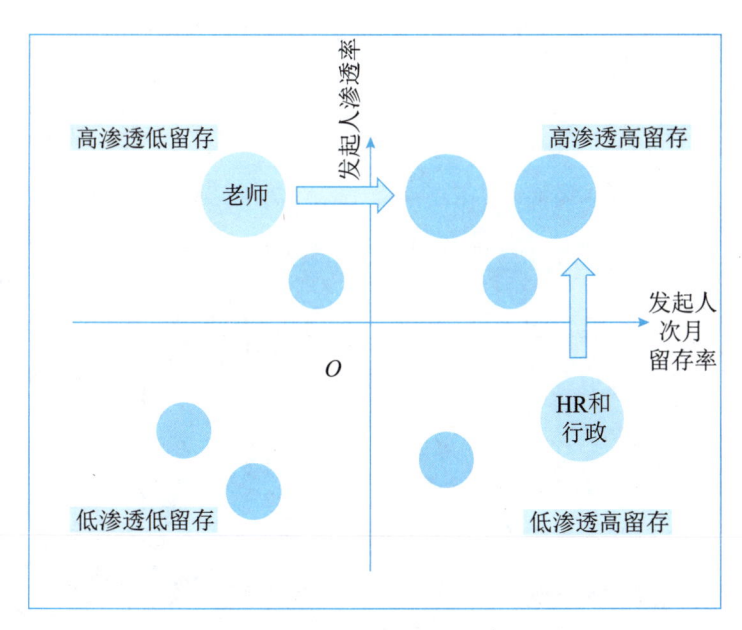

图2-2　不同用户群留存价值四象限分析

整体发起人MAU，代表的是该目标人群的规模价值。**某个人群发起人次月留存率=上个月发起本月还发起的用户数/上个月发起的用户数**，代表的是该目标人群的留存情况。(注：图2-2中的内容和数据纯属虚构，非真实数据，仅作为示例)

在这个模型中，我们应该重点关注以下两个象限的群体。

① **高渗透低留存的群体**。以图2-2为例，可以看到老师群体属于高渗透低留存的群体，所以我们需要想办法提高老师群体的留存率。

② **低渗透高留存的群体**。以图2-2为例，行政和HR群体的留存率很高，但是渗透率比较低，所以我们需要想办法提升行政和HR群体的用户规模和渗透率。

(2) 构建新增发起人"潜在增长规模"和"裂变系数"四象限模型(见图2-3)。在这一模型中，**某一个人群的潜在增长规模=整个市场活跃用户规模－本产品活跃用户规模**，代表整个市场中，该人群还有多大增长空间。裂变系数表示新增1个发起人用户能带来多少个参与者用户，代表用户的裂变价值。(注：图2-3中的内容和数据纯属虚构，非真实数据，仅作为示例)

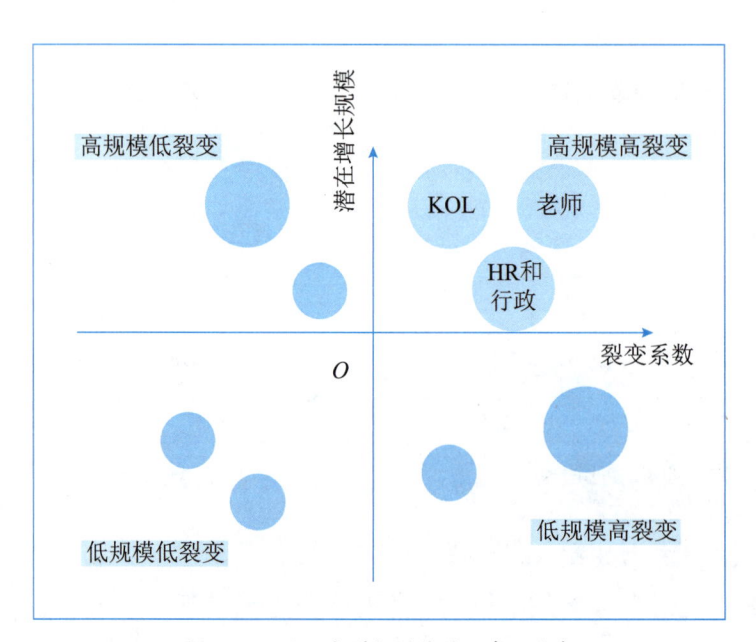

图2-3 不同用户群新增价值四象限分析

在这个模型中，我们需要重点关注**高规模高裂变**这一象限的人群，它表示这部分用户还有比较大的增长空间，裂变价值较高。从图2-3中可以看到，**老师、HR和行政人员、KOL(关键意见领袖)群体**，是我们应该优先关注的目标用户群。

2. 平均裂变系数指标拆解

对于平均裂变系数这个指标，我们按照不同产品的使用场景进一步拆解。不同使用场景的裂变系数自然是不同的，比如在线授课和企业培训类的使用场景，其裂变系数可能较大，而企业招聘场景的裂变系数通常比较小。所以，要提高整体的裂变系数，我们需要提升高裂变系数使用场景的渗透率，如图2-4所示。(注：图2-4中的内容和数据纯属虚构，非真实数据，仅为示例)

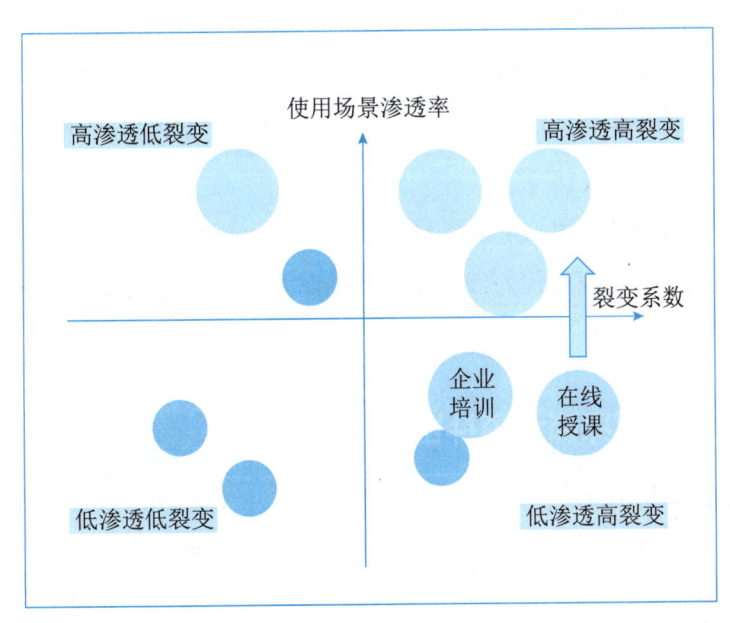

图 2-4　不同使用场景价值四象限分析

其中，**使用场景渗透率=该使用场景的用户数/整体用户数**。在这个模型中，我们需要重点关注**低渗透高裂变**这一象限，这部分场景有较高的裂变价值，但是渗透率比较低，所以我们需要提升这部分使用场景的渗透率。从

图2-4中可以看到**企业培训和在线授课的场景**是需要重点渗透的使用场景，当然，更加全面一点看，我们也需要同时关注该场景的整体市场规模是否足够大。

第三步：通过ICE评分体系，为用户增长策略做优先级排序，确认核心增长杠杆

ICE评分体系是肖恩在《增长黑客》这本书中提到的一个模型，用于评估在众多的用户增长策略中如何确定最高优先级。该模型主要从**影响力、信心、实现成本**3个维度进行优先级排序。

影响力表示实现这个策略的价值，或者说能够影响和覆盖多少用户，通常我们可以通过该策略能够影响的用户规模来衡量；信心表示实现这个策略的可行性，以及预计这个策略能够带来多少相应的价值，通常需要通过定性调研来评估；实现成本表示实现这个策略需要付出的代价是什么，包括人力投入、时间周期等。

接下来我们尝试用这个模型对前面几个推导出来的策略做优先级排序，不同策略的评分结果和优先级如表2-1所示。(注：表中信息均为虚构，仅用于举例说明问题)

表2-1 产品M的ICE评分结果

用户增长策略方向	影响力	信心	实现成本	综合评分	优先级
1. 提升存量老师用户群体的留存率	9	8	8	25	P0
2. 新增老师群体用户	8	8	8	24	P1
3. 新增HR和行政群体用户	7	8	7	22	P3
4. 新增KOL群体用户	7	5	5	17	P4
5. 提升在线授课场景的渗透率	8	8	8	24	P1
6. 提升企业培训场景的渗透率	8	8	8	24	P1

结合ICE评分结果以及前文提到的用户增长策略，我们应优先做以下几件事情。

> (1)【P0优先级】想办法提高老师用户的留存率。
>
> (2)【P1优先级】做好老师群体的新用户开发工作。
>
> (3)【P1优先级】提升在线授课场景和企业培训场景的渗透率。

以上这3件事,就是我们定义的产品M用户增长的核心杠杆。

本节回顾

本节的主要内容是确认用户增长的核心杠杆,我们通过以下3步确认了核心杠杆。

第一步:对产品M,发起人是促进用户增长的关键角色,产品M的用户增长公式为"MAU=发起人MAU×平均裂变系数"。

第二步:拆解用户增长公式,确定增长策略。

① 针对发起人MAU,从用户活跃状态的角度拆解,得到的结论是从发起人的增长价值来看,留存用户增长价值>新增用户增长价值>回流用户增长价值。

② 针对发起人MAU,从目标人群的角度拆解,得到的结论是需要提升存量老师群体的留存率,以及新增老师、HR和行政、KOL等群体的用户规模。

③ 针对裂变系数,从使用场景的角度拆解,得到的结论是要重点提升在线授课和企业培训场景的渗透率。

第三步:通过ICE评分体系,在前面提及的多个策略中,最终确定核心增长杠杆是提升存量老师群体留存率、新增老师群体规模、提升在线授课和企业培训场景的渗透率。

以上整个逻辑推导过程和结论,可以扫描下方二维码查看。

2.4　寻找用户增长的魔法数字

2.4.1　为什么需要"魔法数字"

上一节我们确认了用户增长的核心杠杆，但是这个杠杆通常是企业战略层考虑的问题，或者说是用户增长团队负责人考虑的问题，我们不能把这个结论直接交给业务执行层面的同事，否则会被冠上"大而空"的帽子，因为它不能直接用于执行。

在实际的业务场景中，当我们把前面推导的这些结论(比如提升存量老师用户的留存率)交给业务执行人以后，业务执行人并不一定能够把这些策略落实到具体工作中，甚至他们根本不知道怎么做。这是因为当下的策略还没有形成可执行的量化指标。

所以下一步，我们需要把策略转变成可执行的事项，尽可能制定能够量化的指标，我们把这些指标称为用户增长的**"魔法数字"**。

2.4.2　如何寻找魔法数字

下面介绍我们如何通过 **"基于用户调研建立认知→逻辑假设和影响因素重要程度排序→寻找魔法数字"** 三步找到符合核心杠杆目标的魔法数字，先以**"提升存量老师群体的留存率"**为例。

第一步：基于用户调研建立认知

要提升老师用户的留存率，我们需要先明确两件事情：一是目前留存下来的老师用户为什么会愿意继续使用产品，这是正向思考；二是那些流失的老师用户为什么没有留存下来，这是反向思考。调研的方式通常包括用户深度访谈、问卷调研、数据分析等。

通过调研，我们得到如下结论，大部分老师用户留存下来的主要原因包括以下几点。

(1) 经常使用产品M，已经熟悉了。

(2) 产品使用过程很流畅，操作简单，对产品很满意，很喜欢产品M的某部分重点功能。

(3) 除了授课的时候会使用，在其他工作场景也会使用，应用场景比较多。

(4) 学校统一要求使用产品M，必须按照学校的要求执行。

老师用户不愿意继续使用产品M的原因主要有如下几点。

(1) 平时没有那么高频的使用需求。

(2) 觉得产品M并不好用，对产品M不太满意。

(3) 只在特定使用场景使用，在其他场景基本不用。

第二步：逻辑假设和影响因素重要程度排序

基于用户调研，我们可以初步假设影响老师用户留存率的因素包括如下几个。

(1) **使用频率**。只要老师用户连续使用几次产品M，他们就有可能留存下来。

(2) **使用功能数量**。只要老师用户使用产品M的几个功能，他们就有可能留存下来。

(3) **使用场景数量**。老师用户在更多场景使用产品M，其留存下来的概率会更高。

(4) **使用某些特定功能**。老师只要使用产品M的某一个功能，其留存下来的概率会更高。

当然，以上这些因素仅仅是我们在调研之后做出的假设，这些因素究竟会不会真的影响老师用户留存，以及对留存的影响有多大，我们需要通过数据建模的方式来评估。具体怎么分析，这里我们暂时先不展开，我将在第3章详细阐述。这里我们先忽略中间过程，直接看图2-5所示的分析结果。(注：该结果为虚构的示例，非真实数据)

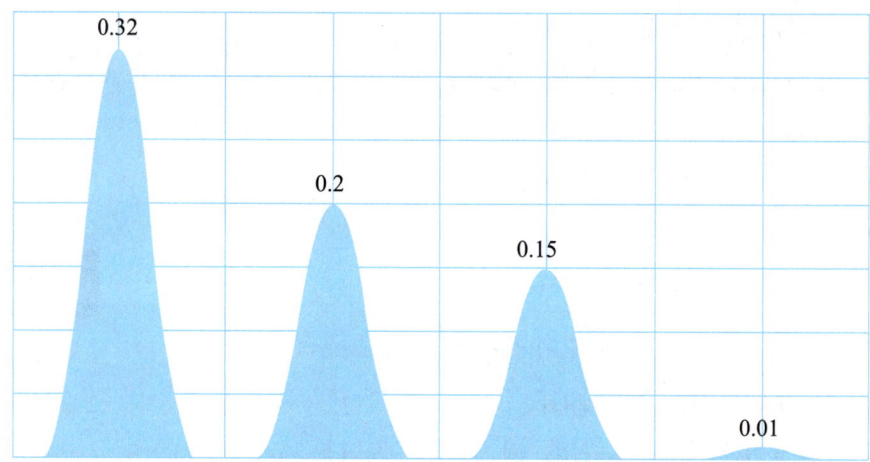

图2-5　不同因素对老师用户留存率的影响程度

从分析结果来看，以上几个因素中，对老师用户留存率影响最大的是**"使用频率"**这个因素，其次是**"使用功能数量"**和**"使用场景数量"**，而使用某些特定功能对老师用户留存率的影响很小，不是影响老师用户留存率的主要因素。

第三步：寻找魔法数字

在第二步，我们已经知道**使用频率、使用功能数量、使用场景数量**是影响老师用户留存率的主要因素，那么这几个指标达到多少可以明显提升老师用户的留存率呢？我们可以尝试建立以下几个相关性分析模型来说明，如图2-6、图2-7、图2-8所示。(注：这些曲线采用虚构数据绘制，仅为示例)

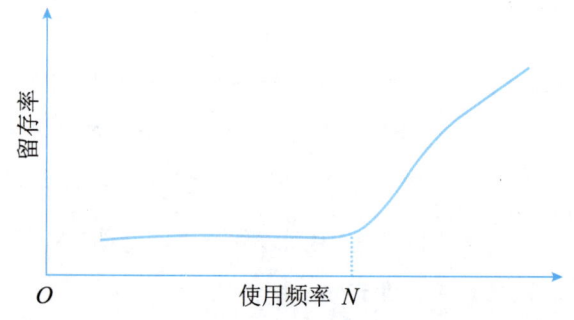

图2-6　用户1个月内使用产品次数(使用频率)和留存率的关系

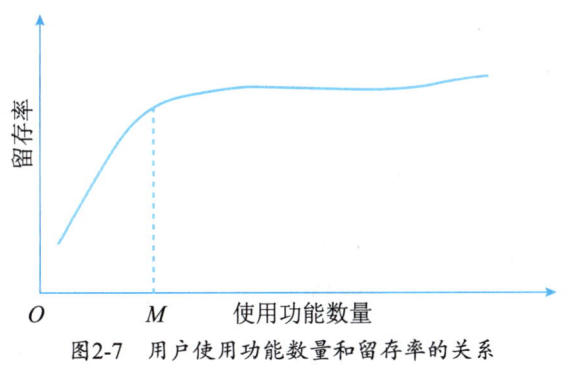

图2-7 用户使用功能数量和留存率的关系

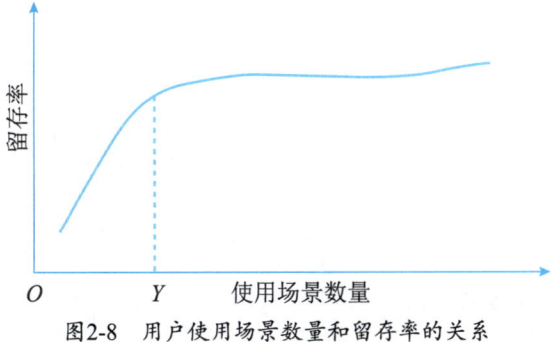

图2-8 用户使用场景数量和留存率的关系

从相关性曲线中我们可以看到：

(1) 当用户在1个月内使用产品的次数超过N次的时候，用户留存率会出现拐点，出现明显提升的情况；

(2) 当用户使用功能数量超过M个的时候，用户留存率趋于平稳，边际增长率明显下降；

(3) 当用户使用场景数量超过Y个的时候，用户留存率趋于平稳，边际增长率明显下降。

"魔法数字"其实就是那个能产生明显变化的数字拐点。基于以上假设结果，我们可以知道，对于老师用户来说，N、M、Y就是我们需要寻找的魔法数字。

在魔法数字的指导下,要想提升老师用户的留存率,我们就要想办法在1个月内让老师用户至少使用N次产品,或者至少使用M个产品功能,或者在Y个场景中使用产品。

与战略性策略相比,这些指标更加清晰,且具有可执行性。有了这些指标,负责执行的同事就会知道应该具体做什么事情,能够把他们的主动性和积极性调动起来,把更多的精力集中在这几个指标上。这就是魔法数字的魅力,**它为我们指明了可执行的量化目标**。关于魔法数字,行业内的案例非常多,我将在第3章详细讲解。

本节回顾

在2.4节,我们通过3步确定了提升老师用户留存率的魔法数字,具体包括:

(1) 1个月内至少使用产品N次。

(2) 至少使用M个产品功能。

(3) 至少在Y个场景中使用产品。

本节内容详图,请扫描下方二维码查看。

2.5 基于魔法数字设计用户增长策略

接下来,我们围绕魔法数字具体聊聊应该如何设计用户增长策略,以及有哪些常见的思路。我们以"**让老师用户在1个月内使用N次产品**"这个目标为例,思考如何设计具体的用户增长策略。

要想让用户持续地使用产品，首先，我们必须让用户完整地体验一次产品，具体来说就是让用户完成一次黄金体验路径，加速体验Aha时刻(惊喜时刻)，我们可以通过"用户体验地图和情绪曲线模型"以及"转化=欲望－摩擦"模型来思考。其次，要想办法让用户持续多次使用产品，我们可以通过"上瘾模型"来思考。

2.5.1 让用户完成一次产品的黄金体验路径，加速体验Aha时刻

先科普一下概念，所谓产品的"黄金体验路径"是指用户想要获得产品提供的关键服务而需要完成的操作路径，而"Aha时刻"是指整个体验路径中让用户感觉最愉悦的环节。

我们首先需要想办法让老师用户顺利地完成一次产品体验，那么应该如何让老师用户更顺畅地完成体验，又该如何让老师用户体验到Aha时刻呢？我们通常使用以下两个思考模型："用户体验地图和情绪曲线模型"以及"转化=欲望－摩擦"模型。

1. 用户体验地图和情绪曲线模型

用户体验地图和情绪曲线模型是用于描绘产品使用路径上不同环节的用户体验的工具。通过这个工具，我们可以知道产品的哪些环节存在优化空间，用户对哪些环节比较满意。概括起来，其核心作用主要包括如下两点。

> (1) 暴露用户情绪低谷点，尝试优化用户情绪低谷环节的产品体验。
>
> (2) 发现用户峰值体验点，最大限度地放大用户峰值体验环节的产品体验。

下面我们尝试画出老师用户使用产品M的用户体验地图和情绪曲线。使用产品M包括3个阶段：**预约使用阶段、使用产品阶段、使用结束阶段**。这3个阶段构成了用户使用产品的完整体验。为了避免内容过于烦琐，我以预约

使用阶段和使用结束阶段为例，介绍如何使用体验地图和情绪曲线优化各个环节的产品体验。

1) 预约使用阶段

如图2-9所示，通过预约使用阶段的情绪曲线可以看到，整个预约环节会出现两个用户情绪低谷点、两个用户峰值体验点。

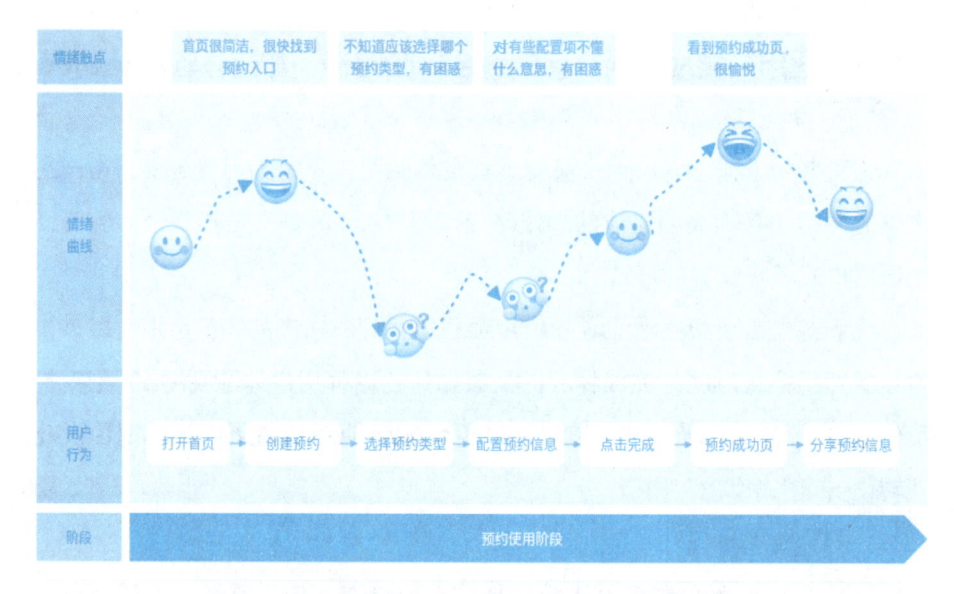

图2-9 产品M预约使用阶段用户体验地图和情绪曲线

(1) 用户情绪低谷点。在用户情绪低谷点，应注意以下两个方面。

① **选择预约类型**。在这个环节，用户之所以会出现情绪低谷，是因为用户不太了解不同预约类型的区别。为了帮助用户理解，需要增加一些更加清晰的注释，以用户能够理解的语言，告诉用户不同的预约类型适用于哪些使用场景。

② **配置预约信息**。在这个环节，用户之所以会出现情绪低谷，是因为配置信息列表太长，用户不知道有些配置项是用来干什么的。所以在这个环节，需要减少一些不常用的配置信息，在默认状态下只显示大部分用户需要的配置项。对有些细分场景才需要的配置项，可以通过折叠收合的方式隐藏起来，这样可以减少一些输入项。

(2) **峰值体验点**。在峰值体验点，应注意以下两个方面。

① **点击创建预约**。在这个环节，用户之所以会出现峰值体验，是因为产品M的首页默认只有少数几个按钮，用户进入首页后可以很快找到相应的点击入口，极大地降低了用户寻找使用入口的难度。

② **预约成功**。用户看到终于完成了预约，并且看到了预约成功页，自然会产生愉悦的情绪，我们需要考虑的是如何进一步放大峰值体验，让用户更加愉悦。**我们设想的方式是将预约成功页生成一张图片，因为用户会把预约信息分享给参与者，而分享图片会比分享文字更有视觉冲击力。除此之外，我们也设想过当用户首次完成预约的时候，我们可以给用户一些奖励内容，从而更进一步增强用户的愉悦感。**

2) 使用结束阶段

如图2-10所示，在产品M使用结束阶段，我们能看到更多的峰值体验点，其中包括老师用户在结束使用之后，可以查看产品的使用统计信息、参与者的参与情况分析等，还可以回顾产品使用过程中的细节，这对老师群体来说很有用。

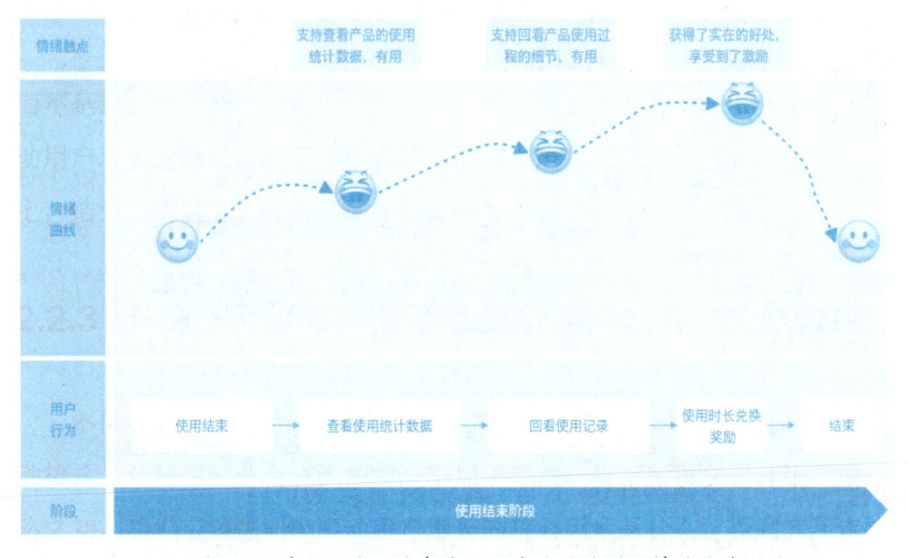

图2-10　产品M使用结束阶段用户体验地图和情绪曲线

另外，老师用户还可以将产品的使用时长兑换成视频会员等奖励，这一点让老师用户在结束使用产品之后的情绪达到高潮。因为长时间的工作本就容易让人感到疲倦，但是如果使用时长可以用来兑换奖励，会让用户得到安慰，一扫因工作而产生的疲倦。

2. "转化=欲望－摩擦"模型

"转化=欲望－摩擦"模型来源于肖恩的《增长黑客》这本书，其核心逻辑是，如果你要提升用户完成产品黄金体验路径的比例，要么想办法增强用户走完整个路径的欲望，要么想办法减少用户在这个体验路径上的摩擦。对于产品M，我们尝试用这个模型提升黄金体验路径的付费转化率。

1) 如何减少用户在黄金体验路径上的摩擦

通常增强欲望是一件比较难的事情，而减少摩擦则会相对简单一些。本着先易后难的原则，我们先思考为了减少用户在黄金体验路径上的摩擦，我们可以做哪些优化。

(1) 缩短黄金体验路径。比如，我们做过一个方案，支持用户在不登录系统的情况下也能使用产品。这样极大地简化了用户使用产品的流程，获得了很多用户的好评。很多国外知名产品也这么做，比如海外视频会议产品Zoom。

(2) 减少关键流失环节的摩擦。例如，用户在网络环境不好的情况下使用产品会受到网络延迟和卡顿的困扰，导致产品使用体验很糟糕。针对这个问题，我们加大研发投入，确保该产品在弱网速环境下依然能保持较好的流畅度，避免因为这个问题导致用户流失。

2) 如何增强用户走完黄金体验路径的欲望

如何激励用户在体验路径上不中断、不放弃，使其愿意持续往下走呢？我们通常采用以下两个思路。

(1) 在使用路径上设置阶段成就。比如，在一些用户操作路径比较长的环节，我们不会设置很多个"下一步"，而会在每一步给出一些阶段成果，让用户能够愉快地完成多个步骤。对于那些需要用户较长时间等待的场景，我们往往不会将所有结果一次性交付给用户，而是将生成的结果分成几个阶段输出，这样会比让用户经历漫长的等待后再交付结果更好。

(2) **降低使用成本**。"低成本"本身也是增强用户动机的一种方式，因为用户会觉得反正成本低，试试无所谓。比如，前文提到产品M的首页只有3个按钮，用户可以很快找到操作入口，无须花费太多时间和精力，用户自然会愿意尝试。

以上两个模型代表了两种常见的用户增长策略设计思路，大家也能看到，这两个模型包含很多相似的逻辑，有异曲同工之妙，我们只是尝试从不同的角度出发探索可行的策略。大家可以根据自己的理解和喜好选择模型，也可以将两种模型搭配使用，记住我们的目的是设计策略，模型只是工具。

2.5.2 利用上瘾模型，让用户持续使用

前面我们主要思考的问题是如何让用户完成一次黄金体验路径，接下来我们要思考如何让用户持续使用产品。在这个环节，我们使用HOOK模型（**也叫上瘾模型或福格模型**）。

HOOK模型主要用于解释用户为什么会持续地使用一个产品和一项服务，我们经常用它来分析用户留存的原因，同时基于这些原因思考提升用户留存率的策略。

如图2-11所示，HOOK模型主要从**触发、行动、奖励、投入**4个维度出发分析用户留存的原因。我们将在第3章阐述该模型，这里我们直接介绍使用案例。

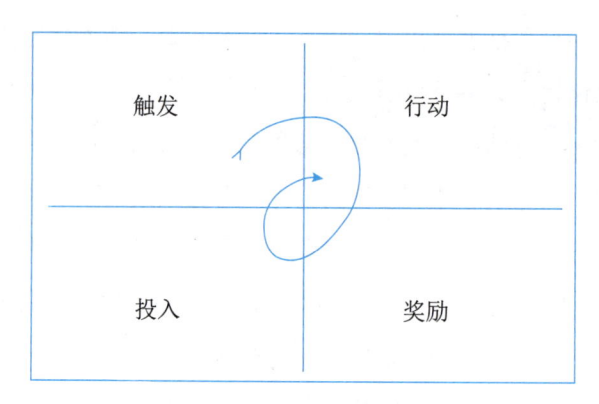

图 2-11　HOOK模型

接下来我们尝试使用HOOK模型，分析那些在1个月内多次使用产品M的老师用户，了解他们愿意持续使用产品M的原因，然后基于这些原因，思考如何基于HOOK模型提升老师用户的留存率。

1. 用HOOK模型分析老师用户留存的原因

(1) **受到触发**。大部分老师用户因为工作需要产生了使用产品M的需求，接着又因为**学校官方推荐、身边老师推荐、学校服务商推荐或受广告和新闻影响**，最终使用了产品M。用户受外部环境影响产生需求并选择使用产品，这属于外部触发。

大部分老师使用过一次产品M之后，感觉产品M还挺好用的，能很轻松地解决自己在教学中遇到的问题，所以他们愿意继续使用。用户基于自身的体验和收益产生了持续使用产品的需求，这属于内部触发。

(2) **产生行动**。在产品M的触发下，老师用户最终主动下载和使用了这款产品，他们还去参加了学校举办的关于产品M的培训讲座，有的老师在讲座中主动分享自己的使用经验。这一系列行动让老师用户深刻地记住了这款产品，在需求获得基本满足的情况下，他们不会再考虑其他类似产品。

(3) **获得奖励**。老师用户在使用产品M的过程中，**学生用户通过消息回复、留言等方式和老师用户产生了互动**，拉近了老师和学生的关系，这能在精神上激励老师。

在持续使用产品M之后，老师会因为更了解产品M而**被其他老师或者领导称为这方面的专家**，这会让他们感觉到极大的认可，促使他们继续使用产品M并且热情地将其推荐给其他朋友。此外，产品M提供可视化数据统计的功能，当老师用户看到自己在使用过程中产生了有价值的知识沉淀的时候，他们会非常有成就感，更加愿意继续使用产品M。

(4) 产生投入。首先，老师之所以一直使用产品M，是因为他们已经熟练掌握了这个产品的使用方法，他们已经在学习和使用**这个产品的过程中付出了一定的成本**。如果学习使用新的产品，会花费他们更多的时间和精力，因此他们不会轻易更换其他产品。

其次，在这些老师的影响之下，他们的学生和同事已经习惯了使用该产品，**更换产品意味着要让更多的人一起更换，这个阻力是很大的**，所以他们不会轻易更换其他产品，只要有需求，就会继续使用产品M。

最后，老师的账号里面沉淀了很多数据，这些数据对他们来说是有价值的，所以他们不会轻易更换其他产品。

2. 基于HOOK模型提升老师用户留存率的策略

1) 增强"有效"触发

在解释有效触发之前，我们先解释无效触发。无效触发指"触发用户后没有获得预期内的正向效果。"产品上市前期，我们给用户发送了很多信息，介绍我们的产品如何好用、功能如何强大，但是没有取得太大的效果。很快我们就意识到，我们陷入了娱乐社交和电商场景的经验主义，而这些经验对于办公SaaS产品不一定有效。基于前面的研究和思考，在策略上我们做了如下几点调整。

(1) 重点针对学校或教育局开展工作，特别是相应的信息化部门。对于老师使用的办公软件，通常学校官方或者教育局会做出规定或给出建议，这些规定或建议通常来自他们的信息化部门，所以我们要重点针对学校和教育局开展工作，到学校和教育局宣传和推广我们的产品，这种方式依赖销售人员的推广。

(2) **和教育服务商合作。**教育服务商有很多，他们为学校提供教学、考试、测试、练习等相关的产品和服务。我们可以将自己的产品以API等的方式开放给他们，和他们建立合作关系，请他们将我们的产品集成到他们的产品和服务中，通过他们来影响学校。

2) 引导行动

(1) 提供更多适合老师用户的产品功能和解决方案，引导他们体验产品功能。

(2) 邀请学校内有一定名气的老师分享使用经验，引导更多的老师用户使用产品。

3) 增加奖励刺激

例如，老师的产品使用时长，可以用来兑换视频会员等奖励，使用的次数和时长越多，可以获得的奖励就越多，该策略在此之前多次提到。

4) 让用户持续积累资产，提高替换成本

引导老师用户多使用能产生资产沉淀的产品功能，给该类功能增加更多的资源权限，让老师沉淀更多的资产。同时，要让老师用户知道他们有这些沉淀的资产，还要让他们知道这些资产的价值和用途。

至此，策略推导部分基本结束了，之后我们要做的事情便是落地和验证。

本节回顾

在2.5节，我们通过**用户体验地图和情绪曲线模型、"转化=欲望－摩擦"模型、上瘾模型**这3个模型，找到了**"1个月内使用产品N次"**这个魔法数字。扫描下方二维码，可以看到寻找魔法数字的完整过程。

2.6 通过 AB 实验验证用户增长策略效果

前面我们围绕"1个月使用产品N次"这个魔法数字，设计了一系列用户增长策略，并想办法让老师用户在1个月内至少使用产品N次。接下来我们需要做的就是通过AB实验验证这些用户增长策略的有效性。

关于具体怎么做AB实验，我会在本书第6章详细讲解。前面我们总结出多个用户增长策略，其中有成功的策略，也有失败的策略，接下来我分享两个成功的策略案例。

1. 通过开放API的方式与国内教育服务商合作

(1) **策略内容**。通过开放API的方式，我们找到了国内的几个头部教育服务商，支持他们在自己的产品内集成产品M的部分关键能力，支持他们在自己的平台创建项目，调用API并唤起产品M，同时支持在使用结束之后，将产品使用数据以API的方式回传给教育服务商。

该策略使教育服务商能以更低的成本支持产品M的功能，弥补了他们的产品短板，提升了竞争力，同时也为产品M贡献了新增用户，这是一次双赢的合作。

(2) **策略效果**。通过该策略，产品M在没有投入太多营销经费的情况下，获取了很多老师用户，加上老师群体的裂变系数，带动了参与者用户规模的大幅增长。后来，我们将这一思路拓展到企业培训场景中，也带来了不错的收益。该策略整体贡献了千万级的用户增长。

2. 用户使用时长兑换奖励

(1) **策略内容**。支持老师用户用产品使用时长兑换视频会员等奖励。

(2) **策略效果**。该功能广受老师用户好评。很多用户因为工作需要长时间使用产品M，经常身心俱疲，但是当他们将使用时长兑换成奖励的时候，他们能感受到辛苦之后的愉悦。该策略上线之后，老师用户的留存率显著提升。

本章小结

在用户增长6步法的大厂用户增长案例部分，从头到尾，只以产品M为例，整个逻辑推导过程是层层递进的，逻辑关系比较紧密，可能理解起来会有些难度，但是如果你充分理解了其中的逻辑和思路，并将其为自己所用，你一定会有很大的收获。

为了方便大家更容易理解整个案例的结构和逻辑，大家可以扫描右侧二维码，查看本章脑图。

第3章 用户增长6步法：方法、模型和概念

第2章介绍了产品M的用户增长实战案例，具体讲解了如何运用"用户增长6步法"制定用户增长策略。在第3章中，我尝试从**通用方法论、模型和概念**的角度，从案例中抽取一些可以复用到其他产品上的用户增长方法。我希望能够总结一套方法，让大家不管遇到什么类型的产品，只要按照这套方法实施，就能找到相应的用户增长策略。

我们再来回顾一下第2章介绍的用户增长策略的6个步骤：

> (1) 确定用户增长的北极星指标。
> (2) 认清合适的用户增长驱动模式。
> (3) 确认用户增长的核心杠杆。
> (4) 寻找用户增长的魔法数字。
> (5) 基于魔法数字设计用户增长策略。
> (6) 通过AB实验验证用户增长策略效果。

接下来，我将详细地介绍其中每个步骤的具体操作方法和注意事项，尽可能让大家更容易理解这些工具或模型。

3.1 确认用户增长的北极星指标

这一步似乎很简单，但事实上，不少团队从这一步就开始犯错，所以我们有必要重视北极星指标的设定。

3.1.1 什么是北极星指标

北极星指标的概念是由商业模型创作大师亚历克斯·奥斯特瓦尔德 (Alex Osterwalder) 提出的。北极星指标能帮助组织集中精力，确保**所有的行动都朝着实现该指标努力**。**这个指标通常与公司或产品的核心价值和战略目标直接相关，同时与组织的长期成功和可持续增长密切相关。**

3.1.2 如何设计用户增长的北极星指标

在很多互联网企业里，通常大家会将DAU、MAU作为衡量用户增长的核心指标，但对DAU和MAU的设计可能各不相同。对于用户增长北极星指标的设计，我认为至少应该符合如下4项原则。

1. 体现活跃用户规模而不是注册用户规模

通常我们会更加重视活跃用户有多少，而不是注册用户有多少，因为注册用户会流失，且静态的注册用户价值不大，活跃用户规模更能反映一个产品真正有价值的用户规模。

2. 和产品价值建立关联，体现有效价值的用户规模

如何定义活跃？有些公司会以登录或启动App这个动作作为判定活跃的标准。事实上，虽然通过广告和活动可能拉来很多用户，用户规模看似增长很多，但是这些用户可能都是无效用户，没有产生实际价值。

所以我提倡用"有效活跃"来定义活跃。比如，对于一个文档类产品来说，有效活跃用户可以是打开或者创建文档的用户；对于一个社交类产品来说，有效活跃用户可以是发起1次聊天对话的用户。对"有效"的定义，关键在于结合产品使用价值。

3. 体现企业目标，以及增长团队核心工作的结果

首先，北极星指标不能和企业目标相背离；其次，北极星指标要能体现增长团队核心工作的结果。如果某个团队做的事情跟北极星指标没有关系，要么说明指标有问题，要么说明组织架构和分工有问题。

4. 根据用户的活跃频率，合理设定统计周期

如何设定统计周期？这通常取决于产品的特性和用户的使用频率。比如，对于一个办公类产品来说，用户可能一周用一次，或者一个月用一次，按周或者按月统计比较合理；而对于微信、抖音这种用户每天都可能会打开的产品，按天统计才合理。

对于抖音而言，我认为北极星指标可以是"完整看完N个短视频的DAU"，因为抖音产品的核心价值在于浏览视频，用户完整看完一个短视频就基本完成了产品体验。至于需要看多少个短视频才算有效，需要结合其内部的数据评估。因为用户对于短视频的浏览需求是高频需求，所以可以使用DAU作为北极星指标。

对于微信而言，我认为北极星指标可以是"添加好友并产生N次对话"的DAU。因为微信的核心价值在于聊天，所以可以采用DAU作为北极星指标。

3.2 认清合适的用户增长驱动模式

3.2.1 认清用户增长驱动模式的重要性

在产品M的案例中我们提到，一开始我们基于经验，通过运营活动、用户福利刺激等运营方式，尝试带动一个办公SaaS类产品的用户增长，然而收

效甚微。我也打了一个形象的比喻，**选择了错误的用户增长驱动方式，就好比给一辆汽油车加柴油。**

在之后的工作里，每当我思考一个产品的用户增长策略的时候，我总会思考这样一个问题：**这个产品实现用户增长的核心驱动因素是什么？当下的做法，是否会犯经验主义和先入为主的错误？我要避免从一开始就选错方向。**

3.2.2 互联网产品常见的用户增长驱动模式

为了更精准地判断不同产品适用的用户增长驱动模式，我尝试对常见的互联网产品用户增长驱动模式做一个概括，主要有4种：**产品驱动增长(PLG)、销售驱动增长(SLG)、营销驱动增长(MLG)、运营驱动增长(OLG)**，如图3-1所示。

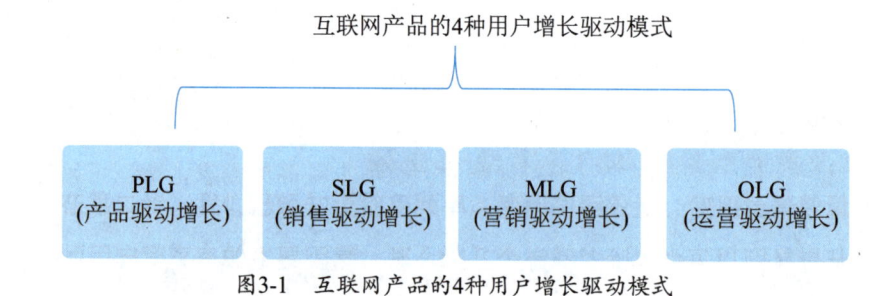

互联网产品的4种用户增长驱动模式

PLG	SLG	MLG	OLG
(产品驱动增长)	(销售驱动增长)	(营销驱动增长)	(运营驱动增长)

图3-1 互联网产品的4种用户增长驱动模式

1. 产品驱动增长(PLG)

(1) **典型产品**：以微信、QQ为代表的社交类产品，以腾讯会议、WPS、腾讯文档等为代表的SaaS工具类产品。

(2) **用户增长的核心驱动力**：不断地推出满足用户需求或者能够解决用户某一个领域问题的产品，通过持续迭代和创新，不断获取用户。

(3) **业务团队的工作重心**：洞察用户的需求，提供更好的产品，让用户产生良好的使用体验。

(4) **用户更看重什么**：产品的功能是否足够强大，使用是否更加简单，是否符合使用习惯。用户会追求极致的产品体验，这会极大地影响用户的留存。

2. 销售驱动增长(SLG)

(1) **典型产品**：企业级SaaS类产品，例如销售易、Salesforce等。

(2) **用户增长的核心驱动力**：企业的销售能力和销售体系。如果能建立强大的自销体系或者渠道分销体系，就能确保持续增长。在起步阶段，产品功能不需要特别强大，不一定需要提供特别好的用户体验，只要能解决问题就行。我见过很多极其难用的产品，但是他们的销售体系特别强，产品也能销售得特别好，反而它们的竞品虽然功能不错，但是因为销售能力不行，发展一般。

(3) **业务团队的工作重心**：不断地提高销售能力，完善销售渠道。通常这类业务不会爆发式增长，需要逐步积累和沉淀。

(4) **用户更看重什么**：产品能否解决实际问题以及企业能提供哪些服务，客户通常有定制化需求。

3. 营销驱动增长(MLG)

(1) **典型产品**：瑞幸、元气森林、可口可乐、绿箭等零售品牌。虽然它们不能算互联网产品，但是它们确实是比较典型的营销驱动增长案例。当然，在互联网领域也有不少这样的案例，比如当年借助共享经济概念快速增长的摩拜、ofo，以及通过推荐奖励计划快速增长的Dropbox。

(2) **用户增长的核心驱动力**：品牌营销。品牌价值对它们来说是非常宝贵的资产和增长动力，它们主要通过互联网或者线下品牌广告等方式传递品牌价值。

(3) **业务团队的工作重心**：品牌营销、市场广告和市场推广。

(4) **用户更看重什么**：用户愿意为品质、理念、精神或者文化消费，有更强的品牌消费情结。

4. 运营驱动增长(OLG)

(1) **典型产品**：知乎、抖音、小红书等UGC(用户生成内容)社区平台，或者淘宝、京东、拼多多等电商购物平台。

(2) **用户增长的核心驱动力**：提供丰富多样的内容、货品或者服务，内容的供应机制、内容的分发效率非常重要。我把相关能力概括为业务运营能力。

(3) **业务团队的工作重心**：提升业务运营能力，提供有竞争力的内容、货品或者服务，构建强大的推荐算法，提升内容分发效率。对于电商平台而言，还需要具有强大的供应链运营能力。

(4) **用户更看重什么**：这类产品的用户更加看重内容的质量或者价格，对于产品体验，只要不太难用，他们都能接受。因此，对于这类产品，关键不在于功能有多强大，而在于内容和货品是否有吸引力。

所以，当你在思考自己的产品如何实现用户增长时，不妨先想一下自己的产品属于上述哪一种，确定这一点之后，你可以紧紧围绕符合它的用户增长驱动模式设计用户增长策略，同时你可以考虑放弃那些和你产品的核心驱动模式不一致的用户增长方式。

3.3 确认用户增长的核心杠杆

3.3.1 什么是用户增长的核心杠杆

所谓核心杠杆，就是指性价比高，资源投入相对较少，却能带来超高回报的用户增长策略，包括用户增长的**关键指标、用户角色、增长来源、目标用户或者使用场景**等方面。

一方面，在探索用户增长策略的时候，我们不要舍近求远，有些"低枝果实"可以先采摘，快速见到增长效果有利于我们建立信心；另一方面，我们必须清醒地意识到资源是有限的，如果我们只能做几件事情，那么我们应该去做最重要的几件事情，这就是**"核心杠杆"**。

3.3.2 如何确定用户增长的核心杠杆

在产品M的案例中，我们基于用户增长公式，通过3个步骤确定了用户增长的核心杠杆。接下来，我将详细讲解如何通过用户增长公式确认用户增长的核心杠杆。为了方便实操，我制作了一个模型，如表3-1所示，以指引大家一步一步得到结论。

第一步：确认影响增长的关键用户角色，定义产品的用户增长公式

首先要定义自己产品的用户增长公式。在这一步，我们需要思考你的产品用户中有哪些角色、关键用户角色是哪个，然后**尝试将关键用户角色代入用户增长公式中**。

除了从用户角色的角度思考，也可以从产品的使用场景、获客渠道等角度思考。总之，你需要找到一个能有效推动用户增长的维度，把它放到用户增长公式中。需注意，**用户增长公式尽量用乘法，因为乘法的增长效应比加法更强**。

1) 思考你的产品生态中包括哪些用户角色

常见的产品用户角色包括5种：**使用者、发起者、管理者、影响者、购买决策者**。

以很多面向C端(消费者端)的带社交裂变属性的产品为例，通常其产品用户包含**发起者和使用者**两种角色。比如，微信群和QQ群等社群类产品、腾讯会议和腾讯文档等协同类产品、拼多多等拼购类产品，这些产品的关键人物是发起者，他们拉动了用户增长，所以发起者是关键用户角色。对于C端产品，通常管理者和购买决策者是使用产品的用户，影响者可能是这些用户身边的朋友。有些产品不具备社交裂变属性，可能是因为没有发起者这样的角色，只有使用者本身。

对于很多面向B端(企业用户端)的产品，其用户角色分别由不同的用户来担当。比如，企业级办公软件，其使用者和发起者是公司的员工，但是其管理者是企业管理员，而购买决策者可能是企业的负责人或者财务负责人，影响者则可能是渠道代理商。

表3-1　用户增长公式模型

第一步：确认影响增长的关键用户角色，定义产品的用户增长公式 MAU=
阶段结论： 1. 确定MAU增长的关键指标 2. 确定带动用户增长的关键用户角色
参考依据：
第二步：用户增长公式的下钻拆解，确认用户增长策略 可供参考的拆解维度包括用户生命周期、目标人群、使用场景
阶段结论： 1. 确定拉新、留存、回流的优先级 2. 确定拉新、留存、回流的目标人群 3. 确定提升其他指标的方法
参考依据：

第三步：通过ICE评分体系，为用户增长策略做优先级排序，确定用户增长杠杆

增长策略	影响力(评分最高10分)	信心(评分最高10分)	简易程度(评分最高10分)	综合评分	优先级

阶段结论：确定多个用户增长策略的优先级

参考依据：

关键结论：驱动用户增长的核心杠杆或策略

在这一步，你需要根据你产品的具体情况，分析你的产品究竟涉及哪些用户角色，将他们区分出来。

2) 尝试把用户角色代入用户增长公式中，确认最佳用户增长公式

比如，产品角色中包含发起者和使用者的产品，其用户增长公式通常可以设计为

MAU=发起者规模 × 平均一个发起者能带来的活跃用户量

除了前面产品M的例子，我们再以拼多多、腾讯文档这类产品为例，为其设计产品增长公式。

拼多多：MAU=发起拼购人数 × 平均一个发起人带来的参与拼购的用户数

腾讯文档：MAU=文档创建人 × 平均一个创建人带来的参与协作的用户数

此外，有些依赖增长渠道的产品，其用户增长公式可以设计为

MAU=渠道数量x平均一个渠道能带来的用户量

当然，如果你的产品的用户角色非常简单，你也可以尝试通过其他方式设定用户增长公式，比如**按用户终端分布设计公式**(MAU=iOS端MAU+安卓端MAU+PC端MAU)、**按渠道来源设计公式**(MAU=渠道A来源MAU+渠道B来源MAU+⋯)。无论如何，你的目标是寻找一个最能代表你的产品用户增长模式和业务特性的用户增长公式，然后用这个用户增长公式指导实际工作。

第二步：用户增长公式的下钻拆解，确认用户增长策略

在这一步，你需要对你的用户增长公式做进一步拆解，常见的拆解方式包括**按用户活跃状态、目标人群、使用场景**等维度做下钻拆解，下面我以这几个维度为例进行讲解。

1) 从用户活跃状态的维度进行下钻拆解

通常我们可以将活跃用户按照生命周期状态划分为以下3种。

> （1）新增用户：某一个统计周期中新增活跃的用户。
>
> （2）留存用户：上一个统计周期活跃，下一个统计周期继续活跃的用户。
>
> （3）回流用户：曾经活跃，上一个统计周期不活跃，下一个统计周期活跃的用户。

大部分产品的用户，都可以按照上面的标准分类。接下来你需要思考的是，现阶段你的产品的用户增长，主要靠持续地获取新增用户，还是靠留住存量用户，抑或是靠流失的用户回流。如果你有足够的精力和资源，可以同时在这3个方向努力，但是我们始终强调，在同一时间，应尽量将资源集中在最重要的地方，不要面面俱到。至于如何确定资源集中的方向，我有如下见解。

首先，看空间规模。如果你没有多少老用户，做留存和回流工作没有太大的意义，应该将工作重心放在拉新上，先解决用户增长问题。

其次，在空间规模相当的情况下，看单位用户的价值。留存一个老用户的价值如果比拉一个新用户的价值更高，那就应该先做好留存或回流工作，防止用户流失。

最后，在价值相当的情况下，看难易程度。通常留住一个老用户，比获取一个新用户简单，所以对于已经有一定用户规模的产品，我建议优先做留存工作。

在实际工作中，你可以根据业务和产品发展情况具体分析，但是无论如何，你需要明确一点，确定资源集中的方向，会决定整个增长团队的工作重心。

2) 从目标人群、使用场景等多个维度进行下钻分析

当你确认了新增、留存、回流的工作优先级之后，接下来可以思考应该从哪个目标人群或者使用场景切入。为了更好地分析，我建议参考产品M案例，建立一个四象限分析模型，找出需要聚焦的工作，如图3-2、图3-3所示。

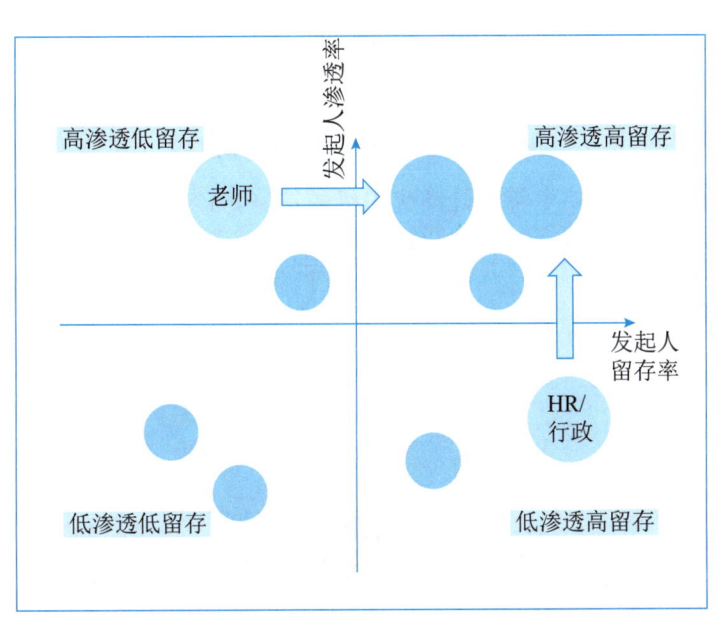

图3-2　不同用户群留存价值四象限分析

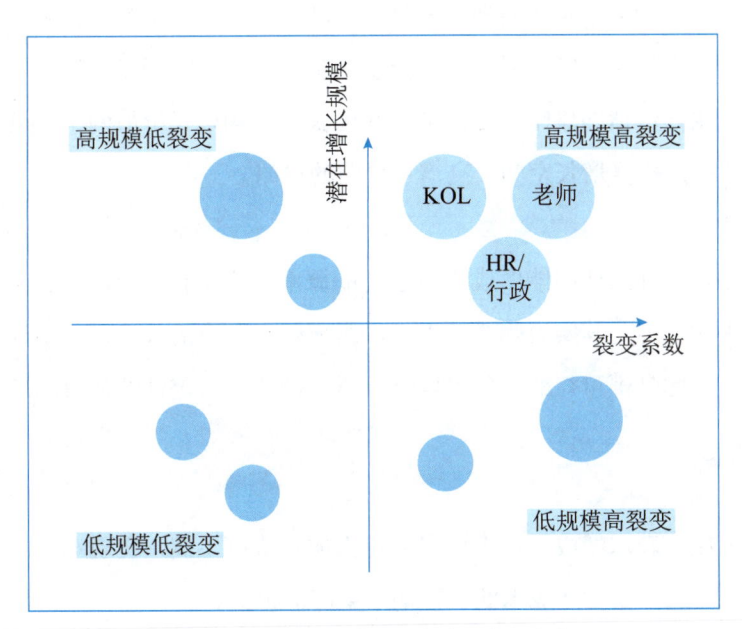

图3-3　不同用户群新增价值四象限分析

第三步：通过ICE评分体系，为用户增长策略做优先级排序，确定用户增长杠杆

ICE评分体系是《增长黑客》的作者肖恩提出的一个策略模型，用于在众多的用户增长策略中筛选最高优先级的策略。该模型主要从**影响力、信心、实现成本**3个维度进行评估，如图3-4所示。

图3-4　ICE评分体系

1) 影响力

影响力表示某一个策略能给整体用户增长带来多大影响。你需要思考如下问题，即实施这个策略后，到底能影响多少人，能带来多少价值。你可以尝试**通过用户价值四象限模型，从潜在增长空间和增长价值两个维度评估影响力，优先选择高增长空间、高增长价值的策略**。

2) 信心

信心表示你预估的能做成这件事情的概率。比如有些用户增长策略的增长空间很大，但是其实现的难度很大，需要付出不小的代价，或者存在一定的风险，因此是不可行的。你可以结合自身的情况，定性评估对相应策略的信心值。

3) 实现成本

实现成本表示做成一件事情需要付出的代价高不高，实现难度大不大。我们应优先选择做实现成本低、预期效果好的事情。

从上面3个维度，我们可以对用户增长策略分别评分，评分模板如表3-2所示。其中，对影响力，通常可以定量评估；而对信心和实现成本，需要结合自身业务情况，经过专业人员的评估之后再进行定性或者定量评估。经过

相对合理的评估之后，可以计算出一个综合得分，然后根据得分高低确定策略的优先级，最后将得分最高的策略作为用户增长的核心杠杆。

表3-2　ICE评分表格模板

用户增长策略	影响力（最高10分）	信心（最高10分）	实现成本（最高10分）	综合评分	优先级

3.4　寻找用户增长的魔法数字

3.4.1　什么是魔法数字

前面我们提到过，即使我们找到了用户增长的核心杠杆，也只是代表找到了一个方向，对于落地执行的人来说，用户增长的核心杠杆只是一个"口号"，他们更需要一个可以实现的量化指标，我们称这个指标为**"魔法数字**(magic number)**"**。魔法数字这个概念来源于增长黑客流派，已被广泛地应用于国内外互联网企业，包括Meta、Twitter、腾讯和字节等企业，都在使用这个概念。

3.4.2　经典的魔法数字应用案例

1. 著名互联网公司的魔法数字案例

(1) Meta的魔法数字。Meta的产品经理发现，如果一个新用户在10天内关注7个以上的好友，这个新用户就能留下来。在这个规律的指导下，所有运营人员或者产品人员在推进产品用户增长时的目标都很清晰，就是想办法让一个新用户在10天内至少关注7个好友，实现了这个目标，就不难把新用户留下来。

(2) **Dropbox(多宝箱)的魔法数字**。Dropbox的产品经理发现用户只要使用一次文件夹功能，忠诚度就会明显提升，所以留存用户的关键就是想办法让用户使用一次文件夹功能。

(3) **今日头条的魔法数字**。在国内也有很多类似的产品案例，比如今日头条的魔法数字是用户**点击5条以上的内容**，因此今日头条的用户增长团队在产品设计和运营中，都会尽可能地引导用户点击5条以上内容。

2. 我工作经历中的魔法数字案例

先确定"魔法数字"再进行产品设计和运营是我非常推崇的一种工作思路，这种工作思路有非常好的指导作用。我有很多大厂的朋友在平时的工作中都会用到"魔法数字"，下面列举几个我在工作中发现的魔法数字。

(1) **AI快研侠的魔法数字案例**。我在运营"AI快研侠"过程中，发现用户只要用它生成3篇以上研究报告，就会有极高的付费意愿。因此我在设计产品时，会尽可能地引导用户更多地使用产品。

(2) **一个在线设计SaaS产品的魔法数字案例**。我曾为一个做营销设计产品的创业公司服务，他们为用户提供在线设计服务，通过会员付费的方式变现。我发现这个产品的用户只要免费使用5个设计模板，后续就不再愿意付费，因为他们已经习惯了免费使用。所以，对用户增长和商业化团队来说，一定要想办法让用户在免费使用5个模版之前成为付费会员。

(3) **珠宝零售门店的魔法数字案例**。我有一个朋友做珠宝零售生意，我们交流后发现，如果顾客挑选的商品超过3件，就会有更高的概率付费。因此我向她提了一个建议："你在为门店员工培训的时候跟他们说，要想办法让顾客至少挑选3件商品，并且最好把这个要求量化为门店员工的考核指标，而不是直接考核销售业绩。"这个建议为门店提升销量找到了一个新思路。

3.4.3 如何寻找魔法数字

寻找魔法数字的流程如图3-5所示。

```
用户增长的核心杠杆：

1. 用户调研，确定留存和流失的原因
   为什么会留存？

   为什么会流失？

2. 逻辑假设和影响因素重要程度排序

3. 影响因素相关性分析

   目标指标 ↑
            │
            │
            │
            O────────────────→
                影响因素

魔法数字：
```

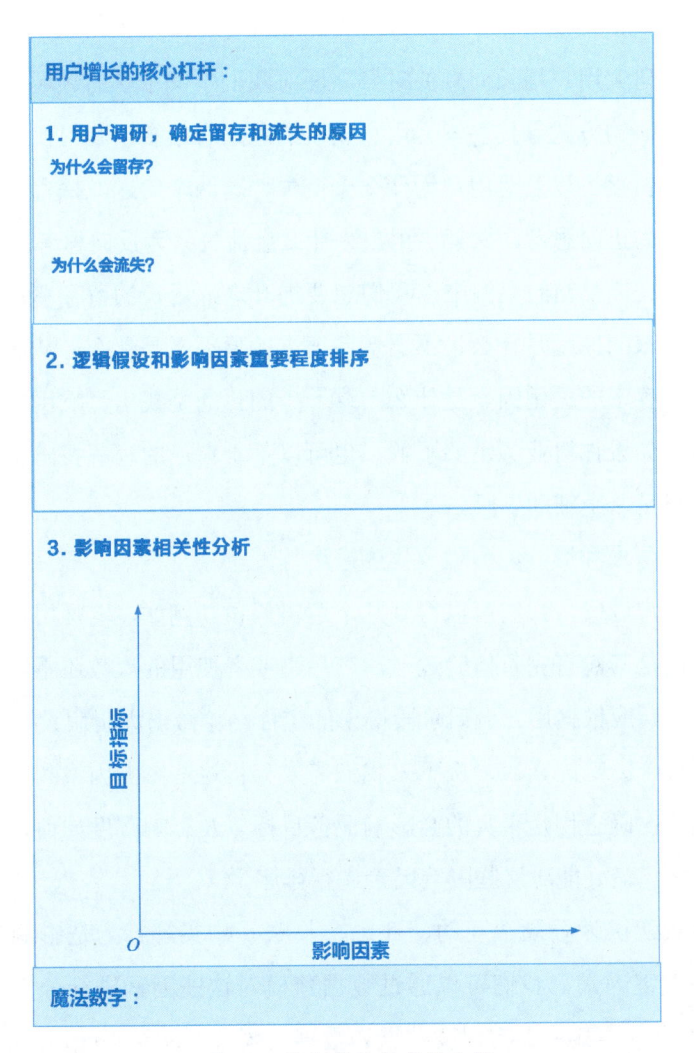

图3-5 寻找魔法数字的流程

寻找魔法数字的流程包括三步：**用户调研、逻辑假设和影响因素重要程度排序、影响因素相关性分析。完成这三步，即可寻找魔法数字。**

在流程开始前，我们需要确定基于哪个用户增长的核心杠杆来寻找魔法数字，不同的杠杆可能会对应不同的魔法数字，最好一个杠杆对应一个魔法数字，否则会抓不住重点。例如，在产品M的案例中，我们以提升老师用户的留存率为关键工作，将"1个月使用产品N次"中的"N"定为魔法数字。

1. 开展调研，确定用户留存和流失的原因

当我们研究用户增长问题的时候，面对我们不够了解的领域，我们可以通过用户调研的方式寻找答案。用户调研的思路有很多，我习惯于探索"用户为什么会留存"以及"用户为什么会流失"这两个问题。探索"用户为什么会留存"为正向思考，探索"用户为什么会流失"为反向思考。

例如，在产品M的案例中，我们想要提升老师用户的留存率，应先问他们愿意留下来的原因是什么、不愿意留下来的原因又是什么，从而可以推断影响用户留存率的关键因素是什么。这一步的目的是找出影响用户留存率的主要因素。如果你对业务足够了解，也可以基于自己的理解找出影响因素，用户调研只是一个辅助手段。

2. 逻辑假设和影响因素重要程度排序

基于用户调研，我们可以得到几个逻辑假设。例如，老师用户留存率低的原因可能是其没有完整体验过一次产品，或者使用的次数还不够多。在逻辑假设阶段，应依据用户调研阶段得出的定性结论做出大胆假设。

确定几个影响因素后，接下来我们需要分析这些影响因素和业务目标的关联程度，明确它们是否真的会影响业务目标以及影响程度如何，并找出关键影响因素，最好能对这些影响因素进行排序。

假设我们认为登录、互动、评论、收藏、购买等行为是影响产品用户留存率的关键因素，我们可以通过数据建模对这些因素进行分析。示例数据如表3-3所示，其中影响程度数据为数据建模分析的结果(相关数据均为虚构)。这样我们就可以知道哪些因素可能与用户留存率是强相关的，哪些是弱相关或者相关的。

通过数据建模分析业务目标和影响因素的相关性，常用的方法包括以下两种。

表 3-3 不同影响因素和用户留存率的相关性

影响因素	影响程度	相关性
购买	50%	强相关
登录	45%	强相关
评论	22%	相关
收藏	20%	相关
互动	2%	弱相关

1) 皮尔逊相关系数法

皮尔逊相关系数法可用于测量连续变量特征与目标变量之间的线性关系。什么是连续变量？比如，从0到100的连续数值就是连续变量。

皮尔逊相关系数的计算方式为

$$r = \frac{\sum(X_i-\bar{X})(Y_i-\bar{Y})}{\sqrt{\sum(X_i-\bar{X})^2 \sum(Y_i-\bar{Y})^2}}$$

式中：

X_i 和 Y_i 表示数据集中的第 i 个样本的两个变量值；

$\bar{X}$ 和 $\bar{Y}$ 分别表示 X 和 Y 的均值。

皮尔逊相关系数的判断规则如下所述。

皮尔逊相关系数 r 的取值范围为 -1 到 1，其绝对值大小表示相关性的强弱，符号表示相关性方向；

$r=1$ 表示完全正相关，即变量完全线性相关，同步变化；

$r=-1$ 表示完全负相关，即一个变量增加时另一个变量等比例减小；

$r=0$ 表示无线性关系。

一般来说，判断相关性的强弱可以遵循以下经验。

$r>0$ 表示正相关，$r<0$ 表示负相关；

$0.7 < |r| \leq 1.0$ 表示强相关；

$0.4 < |r| \leq 0.7$ 表示中等相关；

$0.1 < |r| \leq 0.4$ 表示弱相关；

$0 < |r| \leq 0.1$ 表示几乎不相关。

2) 信息增益法

常用的信息增益法主要有计算随机森林特征贡献度法。信息增益法用于衡量离散型变量和目标变量之间的相关性，其中离散型变量为分类型变量，比如变量值为"是"或"否"。随机森林特征贡献度的计算比较复杂，不在这里过多阐述。

根据实际经验，特征重要性范围的参考值如下所述。

(1) 贡献度(≥20%)：非常重要；

(2) 贡献度(5%～20%)：中等重要；

(3) 贡献度(≤5%)：可忽略。

对于以上两种相关性分析方法，非专业数据分析师可能无法准确地应用。当产品经理和运营人员遇到这类问题的时候，最好请教专业的数据分析师。

很多大公司会配备专业的分析团队，**但是普通的创业公司可能无法这样操作，可以尝试用DeepSeek、ChatGPT、豆包这类AI产品进行分析**。你只需要提供相应的数据，便可引导AI工具用皮尔逊相关系数法、随机森林特征贡献度帮你计算相应的数值。图3-6呈现了我通过ChatGPT计算皮尔逊相关系数的过程。

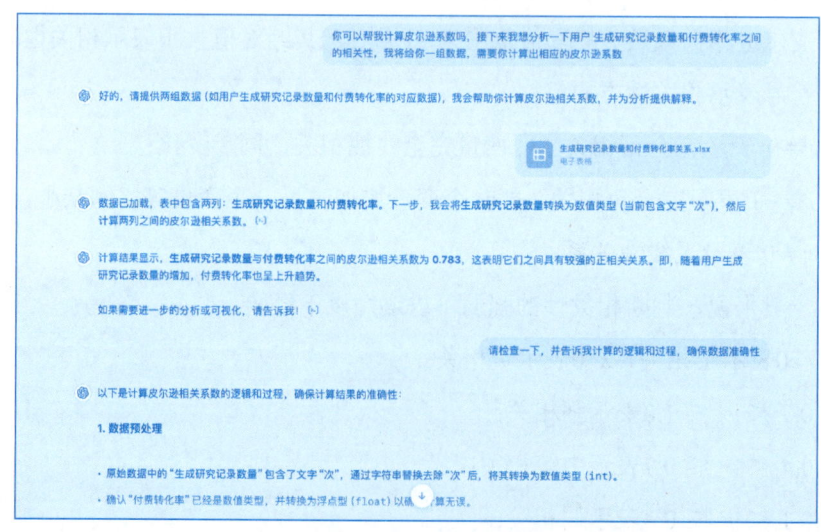

图3-6　通过ChatGPT计算皮尔逊相关系数

3. 寻找魔法数字

确认了关键的影响因素后，我们需要知道该影响因素的目标值是什么。在产品M的案例中，我们确定了"1个月使用产品的次数"为关键影响因素，那么实现目标效果需要使用产品多少次，就是我们需要找到的魔法数字。

我们需要分析影响因素的不同数值和用户留存率之间的相关性，尝试确定这两者之间的关系。相关性分析并不复杂，首先构建一个目标指标和影响因素数值的二维坐标图，然后尝试画出一条关系曲线。例如，前面我们分析了老师用户1个月内使用次数和留存率之间的关系。

画好关系曲线后，我们需要**从曲线中寻找数据变化的拐点。所谓数据拐点，就是当影响因素超过一定阈值的时候，目标指标的边际增长突然明显增加或者明显放缓的那个点**。通常这个拐点便是我们要找的"魔法数字"。魔法数字意味着只要影响因素达到这个阈值，目标指标就能产生明显的大幅变化。比如在产品M的案例中，我们发现教师用户1个月内使用产品的次数达到N次的时候，留存率会明显提升，因此我们将"N"定义为留存率增长的魔法数字。

如图3-7所示，当影响因素达到一定阈值时，目标指标突然明显增长，边际增长率显著提升，该阈值可以被认定为提升目标指标的魔法数字。

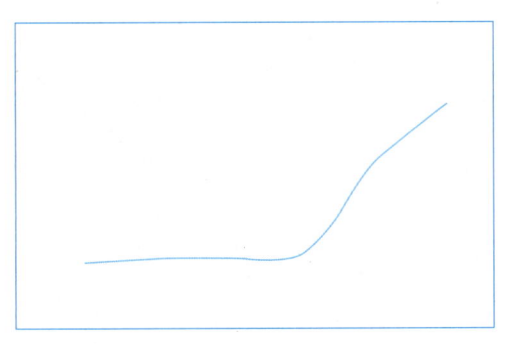

图3-7 目标指标突然明显增长

如图3-8所示，当影响因素达到一定阈值时，目标指标增长趋于平缓，边际增长率下降，该阈值也可以被认定为提升目标指标的"魔法数字"。

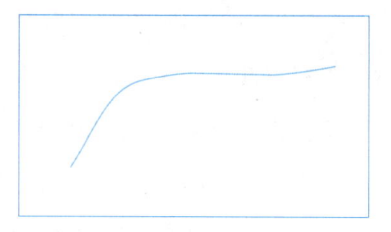

图3-8　目标指标的增长趋于平缓

3.5　基于魔法数字设计用户增长策略

在确认了魔法数字之后，接下来我们要思考的自然是如何设计用户增长策略。为了方便大家理解和掌握，我制作了如图3-9所示的模板。

图3-9　基于魔法数字设计用户增长策略(模板)

3.5.1　让用户完成1次产品的黄金体验路径，加速体验Aha时刻

1. 什么是产品的黄金体验路径

产品的黄金体验路径就是用户使用产品时主要的操作路径，我们可以用它来衡量用户是否已经完整体验过产品。例如，一个协同文档产品的黄金体验路径是"**进入产品→创建一个文档→在文档内进行编辑→将文档分享给参与协作的朋友**"。抖音类短视频产品的黄金体验路径是"**进入App首页→完整浏览一个视频→滑动浏览N个短视频**"。

如果看到这里，你还没有明确你的产品的黄金体验路径是什么，那么你需要停下来认真地思考一下这个问题，并尝试给出一个有说服力的答案。

2. 什么是Aha时刻

Aha时刻指的是用户在黄金体验路径上，感受到非常愉悦，有极大的满足感的时刻或者产品使用环节。以一个协同文档产品为例，当你的文档被朋友转发和评论，并且你看到文档的转化和评论数据的时候，你会非常愉悦。再以抖音或小红书等产品为例，当你创作的短视频被点赞和收藏，你看到点赞量的时候，你会非常兴奋。这些能够让用户产生情绪高点和峰值体验的时刻，我们称为Aha时刻。Aha时刻是用户增长领域的一个专业术语。

无论你的用户增长策略是什么，要实现用户的留存与增长，你都必须想办法先让用户完成1次产品的黄金体验路径，并且想办法尽快让用户体验到Aha时刻，或者将用户Aha时刻的体验持续放大。接下来我详细介绍两个常见的模型：**用户体验地图和情绪曲线模型、增长黑客模型(转化=欲望−摩擦)**。

3. 通过用户体验地图和情绪曲线模型设计用户增长策略

利用这个模型设计用户增长策略时，首先，在**用户行为**坐标中划分黄金体验路径的各个环节，然后用**情绪曲线**分别描述各个环节中用户的情绪表现，接着用不同的表情代表不同的用户情绪，画出一条情绪曲线，通过情绪曲线可以形象地描述用户在不同使用环节的情绪波动。

我们需要在**情绪触点**部分解释出现各种情绪的原因，比如用户为什么会

在某个环节情绪低落，为什么会在某个环节情绪高涨。如果产品的使用路径比较长，可以尝试将用户的黄金体验路径拆分成多个阶段，分阶段观察用户的情绪曲线。用户体验地图和情绪曲线模板如图3-10所示。

情绪触点	
情绪曲线	
用户行为	
阶段	

图3-10　用户体验地图和情绪曲线模板

在用户体验地图和情绪曲线模型中，我们要重点关注以下两点。

(1) 情绪低谷点。

(2) 峰值体验点。

基于用户体验地图和情绪曲线模型做用户体验优化的关键问题在于如何改善用户情绪低谷点的产品体验，以及如何放大用户峰值体验点的产品体验。

1) 如何改善用户情绪低谷点的产品体验

用户出现情绪低谷的原因并不复杂，常见的原因有如下几种。

(1) **看不懂**。用户看不懂产品怎么用，这种问题通常是由产品经理先入为主的认知导致的，产品经理没有从普通用户的视角设计产品。

(2) **等太久**。产品可能存在技术和服务能力限制问题，导致用户等待的时间太长，从而造成不好的体验。

(3) **有异常**。产品在使用过程中出现很多异常情况，阻碍用户使用。

(4) **太烦琐**。产品的使用路径过长，烦琐的过程导致使用用户放弃使用。

以上都是普通产品体验问题，想办法优化这些问题就可以使用户体验得到明显改善，并不需要用高招和奇招。

2) 如何放大用户峰值体验点的产品体验

放大用户峰值点的产品体验的方法有很多，常见的方法有如下几种。

(1) **制造更强的视觉冲击感**。通过优化视觉设计可以制造更强的视觉冲击，比如可以用图片代替文字来呈现内容，用图表代替表格来呈现内容等。

(2) **便于用户分享和刺激用户分享欲望**。当用户觉得满足和愉悦的时候，会想要把这份快乐分享给他人。因此，在设计产品时，应站在用户的角度考虑，如何才能方便用户分享。比如，可生成一张好看的分享图，或者快速生成一句有趣的分享语。

(3) **制造和强化对比**。我们经常会在很多产品设计中看到类似"打败××%的用户"之类的文案，这其实也是在想办法放大用户的峰值体验，让用户感受到成就感。

除此之外，可用的方法还有很多，大家可以结合实际案例思考。

4. 用"转化=欲望－摩擦"模型设计用户增长策略

"转化=欲望－摩擦"模型是肖恩在《增长黑客》中提到的一个增长模型，腾讯、字节、阿里等大厂的用户增长专家都会运用这个模型来思考如何让用户加速体验Aha时刻。这个模型的思路是，想要让用户加速黄金体验，要么想办法增强用户使用产品的欲望，要么想办法减小用户在体验路径上的摩擦。我建议先从减小摩擦开始，因为这个相对简单。

1) 减小摩擦

常见的减小摩擦的方式有以下两种。

(1) **缩短路径**。思考产品的最短路径是什么，尽可能删除没有必要的环节，或者尝试将多个环节合并成一个环节。对于大部分产品来说，最好能做到每3步就让用户获得阶段性成果。

有的时候，产品比较复杂，确实没有办法缩短路径，那么你可以把这个漫长的流程拆分为几个阶段，让用户分阶段完成。比如，每个阶段只包含3步动作，用户只需完成这3步动作就能获得阶段性成果，从而激发用户完成全流程的动力。

(2) **优化关键流失环节**。产品使用路径的转化漏斗如图3-11所示，分析每一个环节的转化数据，然后找出其中用户流失最严重的环节，想办法优化关键流失环节。优化关键流失环节的方法有很多，比如缩短耗时、降低差错率等。

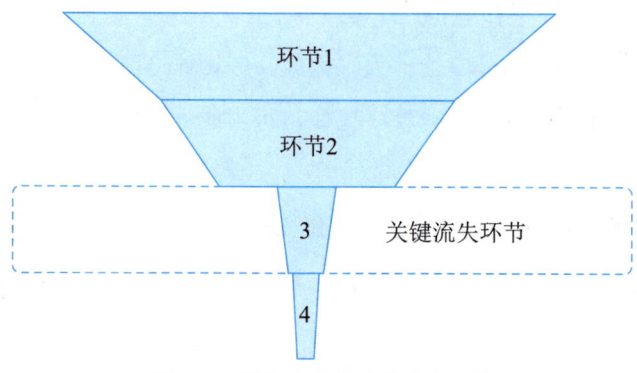

图3-11 转化漏斗和关键流失环节

2) 增强用户欲望

常见的增强用户欲望的方式包括以下3种。

(1) **设计阶段奖励，让用户获得阶段成就感**。有些产品的注册流程比较长，可以在注册路径上增加"恭喜你××成功"之类的提示，然后引导用户继续使用产品。

(2) **简单的交互设计，较低的理解成本**。用户的理解成本越低，其使用产品的欲望就越强，所以简单和容易理解的交互设计非常重要。

(3) **减少选择，别让用户纠结**。决策困难和选择困难容易降低用户体验，因此我们要尽量给用户有限的选项，或者帮助用户决策，这有利于提升用户使用产品的欲望。

3.5.2 利用上瘾模型，让用户持续使用

前面我们讨论的是如何让用户完成一次产品的黄金体验路径，接下来我们要思考的是，怎么让用户持续不断地使用产品。在这一步，常用的思考模型是HOOK模型，该模型也叫"上瘾模型"，如图3-12所示。

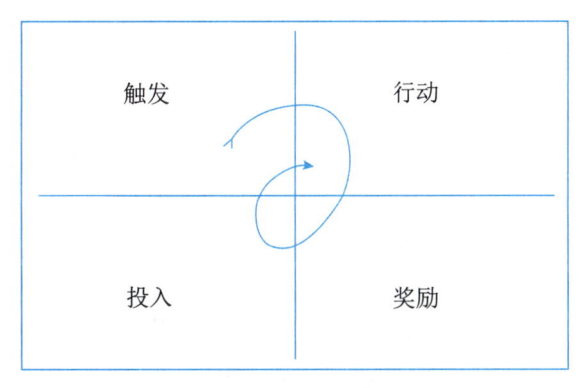

图3-12　HOOK模型

1. 寻找有效的触发点，增强触发

利用有效的触发物，精准并多次触达用户，可以让用户记住产品并产生使用产品的冲动。触发物包括站内触达推送、App消息推送、新媒体渠道、线上线下广告等。

需要谨记一点，不要滥用触发物，否则用户会厌烦，使用触发物既要精准，又要控制好频率。通常一次触发是难以达到效果的，一般需要多次触发才能让用户产生使用欲望。所以，你需要确定触达次数的"魔法数字"，在用户体验和触达效果之间寻求平衡。

2. 引导用户付诸行动

别忘了引导用户付诸行动，很多人的运营经验都表明，引导用户和没有引导用户会有明显的效果差异，就好像网站旗帜广告设置按钮和没有设置按钮的点击率是明显不同的。同样，提醒用户关注和收藏，和没有提醒用户关注和收藏相比，效果差异也是比较明显的，这是因为人的大脑接收到直接的行动指令才能做出动作。

3. 给用户奖励

奖励用户的使用和付出，可以让用户获得满足感。这里的奖励包括实物奖励和精神奖励。实物奖励包括实实在在的用户福利，比如卡券、积分等；精神奖励更高级，比如帮助用户获得他人的认可和尊重、产生社交价值等。

4. 增加用户投入

想办法让用户沉淀一些资产在产品中，比如存储文件、统计数据、社交关系等；还可以想办法让用户付出一些成本，如付费充值或者时间成本等。用户对产品投入越多，越不容易离开。

3.6 通过 AB 实验验证用户增长策略效果

基于前面的一系列工作，我们获得了促进用户增长的具体策略。接下来，我们需要验证策略的有效性。关于如何通过AB实验验证用户增长策略的有效性，我将在本书第3部分详细阐述。本节主要总结AB实验的要点，具体包括如下几个。

> (1) 合理计算实验的最小样本量，避免犯样本量不足的错误。
>
> (2) 严格控制实验变量，避免犯实验变量不单一的错误。
>
> (3) 确保实验人群分包足够均匀和随机，避免犯实验组和对照组人群不同质的错误。
>
> (4) 科学地判断数据提升的显著性，避免犯统计结论错误。

我们已经验证了某个策略是正向有效的策略以后，接下来还需要做以下两件事。

(1) 提高正向策略的覆盖度，让正向策略发挥更大的作用。比如在前面的实验阶段，采用灰度放量策略，逐步释放10%的功能，验证得到正向策略以后，可以将剩余90%的功能释放。

(2) **保留用于持续观测效果的实验组和对照组**。我建议保留5%的实验组和5%的对照组，以长期观察策略实施效果，监控策略是否持续正向。这是因为正向策略并不一定会一直正向，产品的改动、内部和外部环境的变化都可能会影响策略实施效果。即使是在大厂内部，当前的正向策略，过了一段时间后也可能不再发挥作用。

本章小结

第3章主要从方法论、模型和概念的角度重新梳理"用户增长6步法"，帮助大家将这套流程和方法更好地应用到实际工作中。大家要想更深入地理解整体内容的脉络，可以扫描下方二维码查看脑图。

在过去一年里，我一直在不断检验以上这套方法论的有效性。我将这套方法论应用于客户咨询工作中，能够快速且条理清晰地帮助客户设计一个有利于用户增长的方案；我将这套方法论应用于我的创业产品"AI快研侠"中，能够有效指导我做该产品的用户增长工作。我不敢保证每一个方案都有效，但我发现通过这样一番思考，客户的思路会更加清晰，客户会更清楚自己应该怎么做，因此这套方法在理清业务方向和思路上是有作用的。

更让我自豪的是，很多大厂的朋友看完我的文章之后，尝试用这套方法论梳理自己的工作思路。有的朋友在这套方法论的助力下找到了满意的工作，有的朋友用这套方法为自己负责的产品设计出有效的用户增长方案。

第4章　用户增长6步法：我的创业增长实践

在第2章和第3章，我以互联网大厂的产品M为案例，介绍了基于用户增长6步法的用户增长策略，并尝试从中总结出一套通用的用户增长方法论。

在第4章，我将主要介绍我如何将这套方法论应用到自己的创业产品"AI快研侠"中，用它来指导产品的用户增长工作。

2023年10月，我完成了本书第2章和第3章的创作，第4章创作于一年之后，之所以补充这部分内容，主要有如下几个原因。

(1) 持续不断地践行和检验我的用户增长方法论。作为一个纯粹的实战派，我很不希望自己只空谈理论而没有实践。过去的这么多年，我一直都在企业里学习和实践这套方法论，但是我觉得如果能把它应用到我的创业产品中，在实际项目中检验它，并做出一点成果，会更加有说服力。这个应用过程，是对这套方法论的检验，更向这套方法论提出了挑战。

(2) 证明这套方法论不仅在大厂奏效，在创业公司也有用。当我分享产品M的用户增长案例的时候，听到了一些质疑的声音。有些人认为，大厂产品的用户增长，在某种程度上是因为大厂的光环和流量，所以用户增长很简单。部分读者也会觉得，这套方法论可以作为大厂的工作方法论，但在创业公司的项目中不一定行得通。所以，我想以自己的创业项目为例，补充一个用户增长6步法在创业公司的应用案例，以证明它不仅在大厂奏效，即使在创业公司，也能被有效使用。

第 4 章　用户增长 6 步法：我的创业增长实践

4.1　我的创业产品：AI 快研侠

2023年，我暂时放下原来在企业里的工作，趁着AI大模型的风口，花了将近1年时间，和我的团队一起开发了"AI快研侠"这款产品。在分享我的用户增长实践经验之前，请允许我先简单介绍一下这款产品。**大家可以在百度搜索"AI快研侠"或者在微信搜索"AI快研侠"小程序，先完整体验一下这个产品**(首页见图4-1)，这样会更加容易理解接下来我分享的用户增长实践内容。

AI快研侠是一款用AI生成研究报告的产品，它支持用户简单输入一个研究主题，然后通过AI快速生成一份专业的研究大纲，并基于大纲检索研究资料，用户选择研究资料之后，可一键生成一篇5万字以上的研究报告。AI快研侠支持生成**行业研究**、**产品研究**、**公司研究**、**学术论文**等多种研究报告，适用于金融投研、企业竞品调研、大学生学术论文研究等场景。

图4-1　AI快研侠首页

AI快研侠在用户规模方面与大厂动辄百万级别的用户无法相提并论，但作为一个刚刚起步的创业产品，依然可以应用适用大厂的用户增长6步法。

这套方法论帮了我不少忙，概括起来，我主要通过用户增长6步法达成了如下几项成果。

(1) 用户冷启动增长。通过用户增长6步法的指导，完成了产品的冷启动增长，在没有投流的情况下，自然获取数千个高质量精准用户。虽然用户规模不高，但是鉴于用户的精准性以及质量，对该结果我还比较满意，毕竟产品还处于冷启动阶段。

(2) 提升付费转化率，建立盈利模型。通过用户增长6步法，实现了付费转化率的翻倍增长，让自己的转化模型更加健康，顺利建立产品的盈利模型。

(3) 明确产品迭代的工作重心。通过用户增长6步法，找到了产品增长和转化的魔法数字"3"，即让用户**"至少生成3篇研究报告"**，并以此指导产品迭代，更合理地制定产品规划。

(4) 明确用户增长的工作重心。用户增长6步法帮我摆脱了琐碎的工作和混乱的时间管理状态，明确了以"高质量的研究内容输出"为获客工作的重心，让我在工作中更加聚焦和专注。

接下来，我同样按照用户增长6步法，逐步分享我过去一年的用户增长实践。

4.2 确定用户增长的北极星指标

对于AI快研侠这样一个以AI生成研究报告为核心价值的产品，它的北极星指标应该是什么？凭我的第一感觉，这个指标应该是**"生成研究报告的用户数"**，这与前面分享的案例中的产品M很相似。但是按照北极星指标的设定原则，**北极星指标一定要体现所有业务工作的最终结果，** 并且符合企业的最终目标。想到这里，我立刻意识到自己又陷入了大厂经验主义的误区。

对于一个创业公司的产品而言，我不能像大厂那样只考虑先提升用户规模，然后再慢慢解决商业化的问题。我需要在前期就构建好商业化链路，确保我的产品至少不亏钱，这样产品才能正常运作起来。所以，我需要同时考虑用户增长和商业化的问题。

目前，我们团队不仅仅在做与用户增长相关的工作，我们也投入了不少精力来提升产品的付费转化率，所以**"生成研究报告的用户数"** 这个指标并不能完全对应我们的工作。仔细评估后，我觉得**"付费用户数"** 才是一个创业公司应该追求的北极星指标。

在时间周期上，因为我们的资源和精力有限，产品的迭代速度没有那么快，所以按天统计和按周统计都是不现实的，按月统计是相对合理的，因此**"月度付费用户数"** 是我最终确定的北极星指标。

4.3 认清合适的用户增长驱动模式

AI快研侠属于SaaS类的AI工具产品，它的核心价值是提升效率，所以很显然这款产品的用户增长驱动模式是PLG(产品驱动增长)。用户增长主要依靠持续地提升产品的能力，快速地迭代，更好地解决目标用户的问题，给他们创造价值，这样用户才会愿意持续使用和付费，甚至向其他用户推荐，从而带来裂变增长。

但是，对于一个没有任何资源的创业公司的产品，我肯定不能只埋头做产品，还需要通过运营的方式让大家知道我的产品，从而使用我的产品。所以，短期而言，我认为它还是一个OLG(运营驱动增长)产品，尤其要重视增长渠道的运营。

以上两个模式比较合理地概括了我们团队目前主要做的事情：一是保持产品更新迭代；二是通过内容运营等方式开发更多的用户。

4.4 确认用户增长的核心杠杆

按照前面介绍的方法和流程，接下来我们需要分析AI快研侠的用户增长杠杆是什么。

第一步：确认影响增长的关键用户角色，定义产品的用户增长公式

对于AI快研侠这款产品，从用户角色的角度来看，它相对简单，产品的使用者和购买决策者都是用户本身，并且这款产品目前没有企业版本，主要面向个人用户，所以产品也没有类似发起者这样的带动用户增长的关键角色。所以，AI快研侠的"月付费用户数"这个北极星指标的用户增长公式也比较简单，可以概括为**"月付费用户数=月活跃用户数×付费转化率"**，如图4-2所示。

月付费用户数 = 月活跃用户数 × 付费转化率

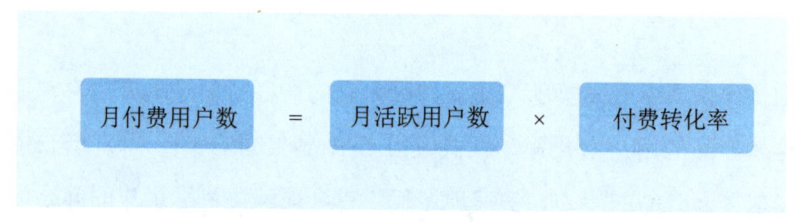

图4-2 AI快研侠的用户增长公式

第二步：用户增长公式的下钻拆解，确认用户增长策略

接下来，我们尝试对用户增长公式做进一步下钻拆解，逐步明确用户增长的核心杠杆，完整的公式拆解如图4-3所示。

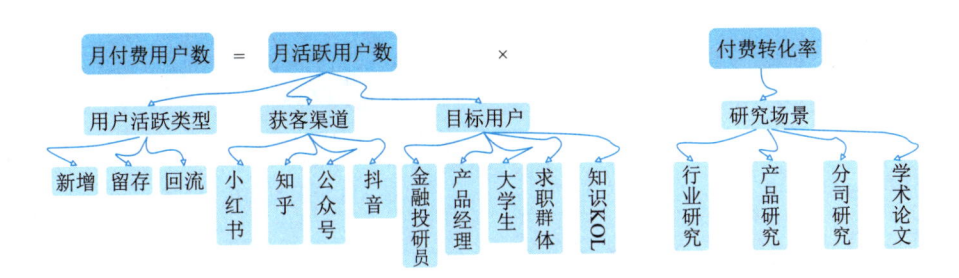

图4-3　AI快研侠的用户增长公式拆解

1. 月活跃用户数下钻拆解

1）按照用户活跃状态的维度拆解，区分新增、留存、回流的优先级

对于一个处于冷启动阶段、用户规模还非常小的产品，工作重心应该是**解决新增的问题**。我们产品的活跃用户中，有90%以上来源于新增用户，留存和回流用户相对比较少。要想增加留存和回流用户的数量，必须持续优化产品能力，但这是无法在短期内实现的。

2）从获客渠道的维度拆解，确定哪个渠道才是主要用户来源

对一个创业公司的产品而言，前期不能依靠广告投放拉动用户增长。事实上，在产品还没有非常完善的情况下，我也不打算把资金投入到广告上。我需要的是通过公域平台资源，带动产品用户的自然增长，所以我重点关注自媒体平台，包括**微信公众号、小红书、知乎、视频号、抖音、快手、B站、内容社区**等平台。我在这些平台分享产品的功能，以及如何解决目标用户的问题，通过内容来吸引目标用户。

在无差别地将精力投入多个平台的内容运营并持续了一段时间之后，我针对不同渠道，从**获客效果和投入时间成本**的角度进行了价值四象限分析，如图4-4所示。

从价值四象限模型中，我发现了如下几个问题。

（1）**小红书**。对于这个获客渠道，我投入到内容制作的时间成本相对较少，但带来了大量的用户增长。这个渠道属于低投入高增长的渠道，是性价比最高的渠道。

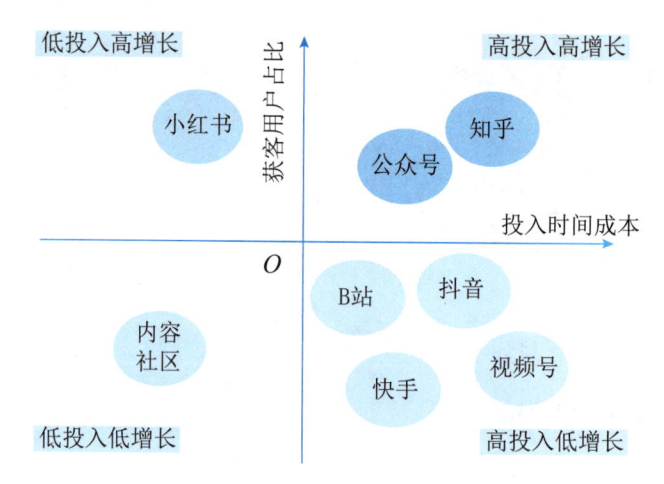

```
         低投入高增长              高投入高增长
                   获
                   客
                   用
                   户    小红书       知乎
                   占         公众号
                   比
                                          投入时间成本
                        O
                             B站    抖音
                   内容
                   社区
                             快手    视频号

         低投入低增长              高投入低增长
```

图4-4　AI快研侠不同获客渠道的价值四象限分析

(2) 知乎和公众号。这两个渠道也贡献了不少新增用户，但是需要投入不少时间成本。这两个渠道属于高投入高增长渠道，也是值得继续投入的。

(3) 抖音、快手、视频号、B站。这几个渠道的获客效果一般，然而却需要投入很多精力制作视频。这几个渠道属于高投入低增长渠道，所以我降低其优先级，甚至暂时放弃这几个渠道的运营。

综合对比分析，从获客渠道的维度看，**我需要重点运营小红书渠道，保持对知乎和公众号两个渠道的运营投入**。至于短视频平台和B站这些渠道，未来可能有增长空间，但是我需要组建一个内容团队来做这件事，短期内在我精力有限的情况下不宜投入过多成本。

3) 从目标人群的维度拆解，确定哪些用户为核心目标用户

在产品定位初期，我设想的AI快研侠的目标用户包括**金融投研用户、企业产品经理、大学生、知识付费创作者、求职群体**，并且围绕多个人群和应用场景开发了不少内容。但是我深知目标用户不应该这么宽泛，应该分清主次。为此，我围绕以上5个人群，从用户渗透、付费转化率的角度，构建了一个价值四象限模型，如图4-5所示。

(1) 高渗透高转化。金融投研用户和产品经理用户是我们的高价值用户，他们对我们产品的需求比较高，并且有更高的付费意愿，是我们需要重

点关注的目标用户。

```
高渗透低转化          用户渗透          高渗透高转化
                                        金融
        求职                              投研
        群体
                              产品
                              经理
                                              付费转化率
                      O

    知识付
    费创作者    大学生

低渗透低转化                    低渗透高转化
```

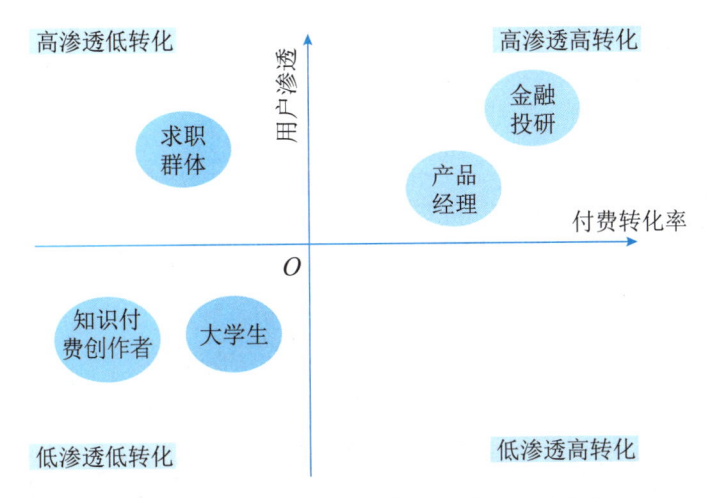

图4-5　AI快研侠不同目标用户的价值四象限分析

(2) 高渗透低转化。求职群体的表现没有达到我的预期。根据用户反馈，这个用户群体认为，我们的产品不像一个服务于求职场景的产品。后来我基本放弃了针对这个场景的内容运营。

(3) 低渗透低转化。让知识付费创作者选择我们产品的难度比较大，因为现在愿意写作长文章的人越来越少了，大部分人更喜欢创作短平快的内容，所以这部分人群也不是我的重点用户。

对于大学生群体来说，我们的产品能力不足，导致付费转化率低，再加上目前定向获取大学生用户的渠道也不多，所以当下大学生还不是我们应该重点开发的客户，但我并不否认这个群体的潜在价值。

通过目标用户的价值四象限模型，我明确了**AI快研侠最重要的目标用户是金融投研人群**，包括券商、投资机构、基金公司等的研究人员，其次是互联网产品经理。

2. 付费转化率下钻拆解

对于付费转化率，我主要尝试从"**研究场景类型**"的角度做下钻拆解。AI快研侠目前支持的研究场景主要包括**行业研究、公司研究、产品研究、学术论文研究**。为此，我围绕以上这5个研究场景，从使用渗透率和付费转化率两个角度进行价值四象限分析，如图4-6所示。

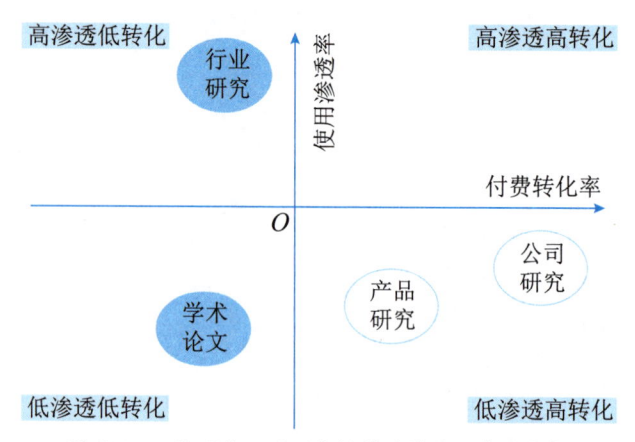

图 4-6 AI快研侠不同研究场景的价值四象限分析

(1) 行业研究场景。行业研究是AI快研侠使用率最高的功能，这表示用户此类需求比较多，但是目前的付费转化率偏低，所以我需要重点提升行业研究场景的付费转化率。

(2) 公司研究和产品研究场景。这两个场景目前的付费转化率都比较高，特别是公司研究场景，但是目前的使用渗透率还不高，所以我需要想办法提升该研究场景的使用渗透率。

(3) 学术论文研究场景。目前该场景的使用渗透率比较低，付费转化率也比较低，因此不是需要优先发展的场景。

基于前面针对用户增长公式的拆解，我们逐步明确了带动付费用户增长的核心杠杆主要包括如下几个。

(1) 重点运营小红书、知乎、公众号这3个平台，重点获取金融投研人群、产品经理这两类核心用户，带动活跃用户自然增长。

(2) 重点提升行业研究场景的付费转化率，带动整体付费转化率的提升。

(3) 提升公司研究场景和产品研究场景的使用渗透率，从而提升整体付费转化率。

第三步：通过ICE评分体系，为用户增长策略做优先级排序，确定用户增长杠杆

通过第二步的推导，我们找到了几个推进用户增长的关键方向，但是增长杠杆不宜太多，最好将精力集中在一两个方向上，所以我通过ICE评分体系，从影响力、信心、实现成本的角度，分别给不同的策略评分，据此设定不同策略的优先级，如表4-1所示。

表 4-1 快研侠ICE评分表

用户增长策略	影响力	信心	实现成本	得分	优先级
1. 重点运营小红书平台，获取金融投研用户和产品经理用户	9分	8分	8分	25分	P0
2. 重点运营知乎，获取金融投研用户和产品经理用户	8分	6分	6分	20分	P1
3. 重点运营公众号，获取金融投研用户和产品经理用户	5分	5分	6分	16分	P2
4. 重点提升行业研究场景的付费转化率	9分	8分	8分	25分	P0
5. 提升公司研究场景的使用渗透率	4分	4分	4分	12分	P3
6. 提升产品研究场景的使用渗透率	3分	4分	4分	11分	P4

（1）**重点运营小红书平台，获取金融投研用户和产品经理用户**。小红书目前的推荐机制更重视内容本身，优质的内容有利于获取用户，而且小红书的用户质量非常好，内容生产成本相对比较低，所以给予小红书P0优先级的评级。

（2）**重点提升行业研究场景的付费转化率**。考虑到行业研究场景的使用率超过60%，通过产品迭代，我们有信心快速提升付费转化率，并且成本也可控，因此给予它P0优先级的评级。

（3）**通过运营知乎和公众号渠道，获取金融投研用户和产品经理用户**。知乎和公众号的读者群虽然和AI快研侠的目标用户群比较契合，但是知乎和公众号这两个渠道对创业者的流量支持比较少，内容创作难度也比较大，所以下调优先级。

（4）**提升公司研究场景和产品研究场景的使用渗透率**。该策略对用户渗透率的影响比较小，并且缺乏有效的方法，因此优先级最低。

通过ICE评分体系，综合考虑影响力、信心、实现成本，我从众多的用户增长策略中找到了最关键的2个策略。

> (1) 重点运营小红书平台，获取金融投研用户和产品经理用户。
>
> (2) 重点提升行业研究场景的付费转化率。

4.5 寻找用户增长的魔法数字

接下来，我们围绕前面确定的拉动付费用户增长的两个核心杠杆，思考**"小红书平台运营以及提升行业研究场景付费转化率"的魔法数字**是什么。

小红书平台运营的魔法数字，相对更容易确定，核心其实就是输出足够多的能够**"被平台推荐、有利于用户互动、能够产生转化的内容"**。接下来我主要想分析如何寻找**"提升行业研究场景付费转化率"的魔法数字**，我们按照前面分享的方法逐步探索。

第一步：用户调研

1. 用户愿意付费的原因

我经常会和AI快研侠的用户交流产品使用情况，收集他们的反馈意见。过去半年，我累计深度访谈了300多个用户，从他们的反馈意见中，我了解到，**用户愿意为产品付费的原因主要包括如下几个**。

(1) **AI快研侠生成的研究大纲更专业**。用户对比过市面上大部分竞品，包括ChatGPT，对AI快研侠生成的大纲质量比较认可。而且AI快研侠使用起来更简单，不需要复杂的提示词，用户只需要输入一个主题即可。

(2) **可以一次性生成5万字以上的超长报告**。市面上大部分AI产品都无法一次性输出这么长的内容，AI快研侠在这方面的优势比较明显。

(3) **生成结果能提升基础研究的效率，节省时间**。大部分初级研究人员认为AI快研侠的生成结果对他们有用，可以帮助他们解决基础研究问题，能为他们提供一些研究灵感和思路。

(4) **通过生成结果获得的收益大于付费成本**。有些用户拥有自己的变现渠道，可以将生成结果加工处理后给自己的用户使用，并收取远高于成本的价格，这部分用户有更高的付费意愿。

2. 用户不愿意付费的原因

通过用户调研得知，用户不愿意付费的原因主要有如下几个。

(1) **对产品使用得不熟练**。大部分用户只想体验和了解一下产品，暂时没有明确的使用需求，也不知道怎么把产品应用到工作中，所以在体验时浅尝辄止，对产品使用得不太熟练，无法形成认知记忆。

(2) **生成结果的质量没有达到预期**。用户对AI快研侠生成结果的预期比较高，期望这个产品提供更多复杂的功能，对目前的生成结果不够满意。

(3) **价值感知和竞争差异感知比较弱**。用户没有仔细对比过其他同类产品，感受不到市面上主流产品与本产品的差异。

(4) **习惯免费，对价格敏感**。大部分用户已经习惯了免费的AI服务，所以只要一看到产品是收费的就直接选择放弃。还有的用户认为产品的定价比较高，不愿意支付这么"昂贵"的价格。

第二步：逻辑假设和影响因素重要程度排序

基于前面的调研结果，我们可以看出，除了没有使用需求之外，还可能存在如下几个影响用户付费意愿的因素。

(1) **体验和使用的次数不够**。如果用户多使用几次AI快研侠，可能就能感受到这个产品的优点，或者有更高的概率生成满足自己需求的内容。同时，多次尝试可以让用户熟悉产品并形成认知记忆，当用户有相应需求的时候就会想起这个产品。

(2) 报告正文中免费生成预览的比例不够。目前针对每一篇报告，我们会免费生成25%的正文内容，用户需要付费才能解锁全部正文内容。所以我们猜想，是否有可能因为免费展示给用户的正文内容比例不够，导致用户无法判断生成内容是否符合自己的需求，从而不愿意付费？如果我们把免费预览的比例提高，用户是否更愿意付费？

(3) 用户上传参考资料的数量越多，可能付费意愿越高。从提升用户使用成本的角度分析，增加用户上传参考资料的数量，增加用户在前置环节的投入成本，可能会提升用户的付费意愿。

至于用户对价格敏感这个因素，暂时我不想以降价来应对，我个人觉得降价是一个无底洞，低价运营也不是长久之道。另外，AI快研侠不是一个低价值产品，我希望通过持续提升产品能力，让用户感受到产品创造的价值远超当前的定价。

那么，以上几个假设因素，究竟哪一个对付费转化率的影响更大呢？我尝试分析以下3个假设因素与付费转化率之间的关系。生成研究记录次数和付费转化率的关系如图4-7所示。报告正文免费生成预览比例和付费转化率的关系如图4-8所示。用户上传参考资料数量和付费转化率的关系如图4-9所示。

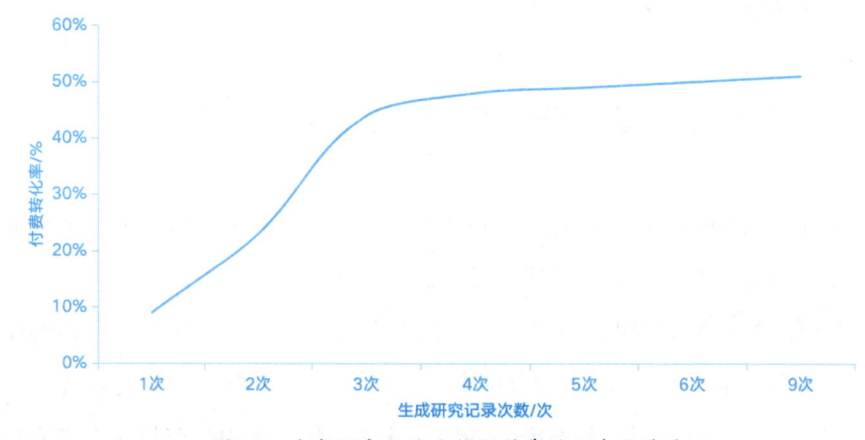

图4-7　生成研究记录次数和付费转化率的关系

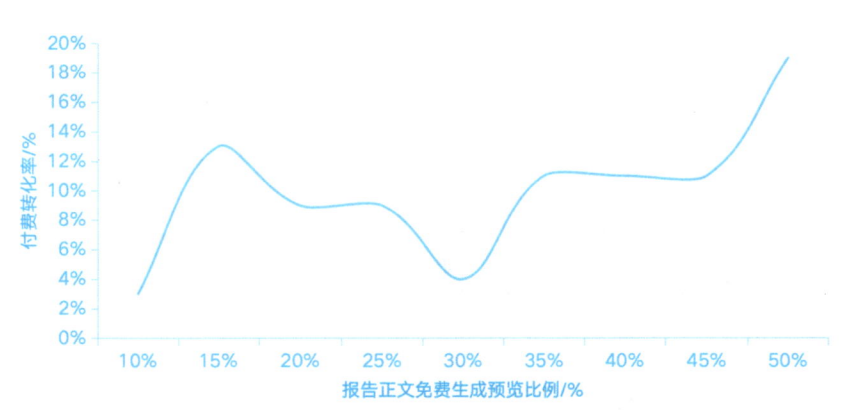

图4-8 报告正文免费生成预览比例和付费转化率的关系

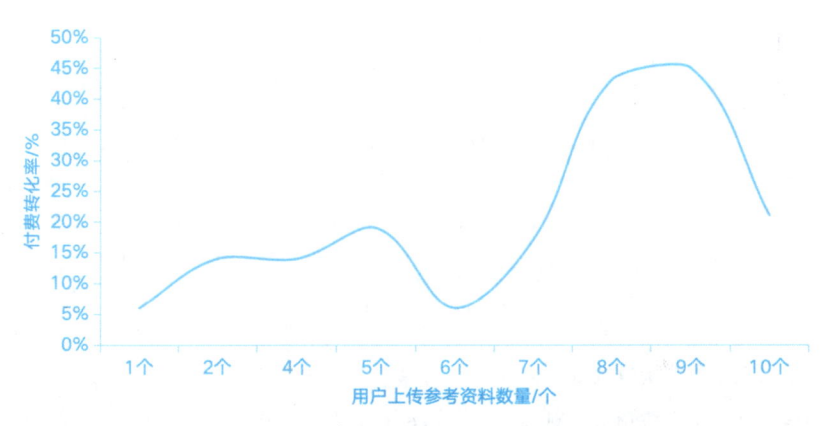

图4-9 用户上传参考资料数量和付费转化率的关系

基于以上数据，我们尝试采用皮尔逊系数法，通过ChatGPT来计算这几个影响因素和付费转化率之间的相关性情况。在某种程度上，对于这类标准算法类的内容，ChatGPT可以替代专业数据分析师，帮助我们准确地计算相应的数值，相应的提示词示例如图4-10所示。

通过计算可以得到**生成研究记录次数、报告正文免费生成预览比例、用户上传参考资料数量**这3个因素和付费转化率之间的相关性情况，如表4-2所示。

通过相关性数据可以看出，**生成研究记录次数和付费转化率的相关性最强，用户如果多生成几次研究记录或者多体验几次产品，可能就会有更高的付费意愿。**

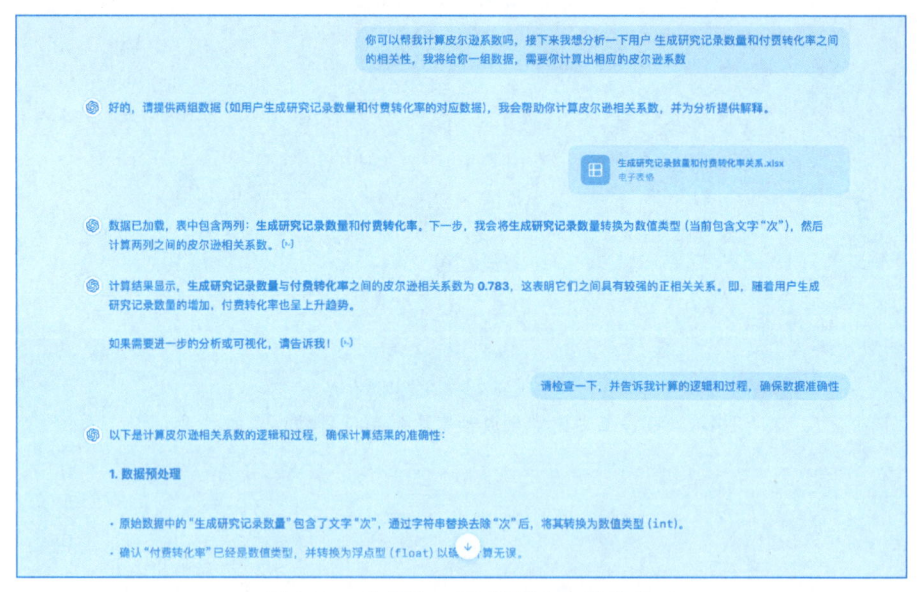

图4-10 通过ChatGPT计算皮尔逊系数

表 4-2 AI快研侠不同影响因素和付费转化率的相关性

付费转化率影响因素	皮尔逊系数	P 值	相关性
生成研究记录次数	0.78	3.70%	强相关，显著
用户上传参考资料数量	0.69	2.40%	正相关，显著
报告正文免费生成预览比例	0.6	9%	正相关，不显著

第三步：寻找魔法数字

基于第二步的结论，我们知道生成研究记录次数会明显影响付费转化率，提升生成研究记录次数有利于提升付费转化率。那么，究竟让用户生成几次研究记录才能达到比较高的付费转化率呢？我们需要寻找生成研究记录次数的魔法数字，为此，我们绘制了一条生成研究记录次数和付费转化率的关系曲线，如图4-11所示。

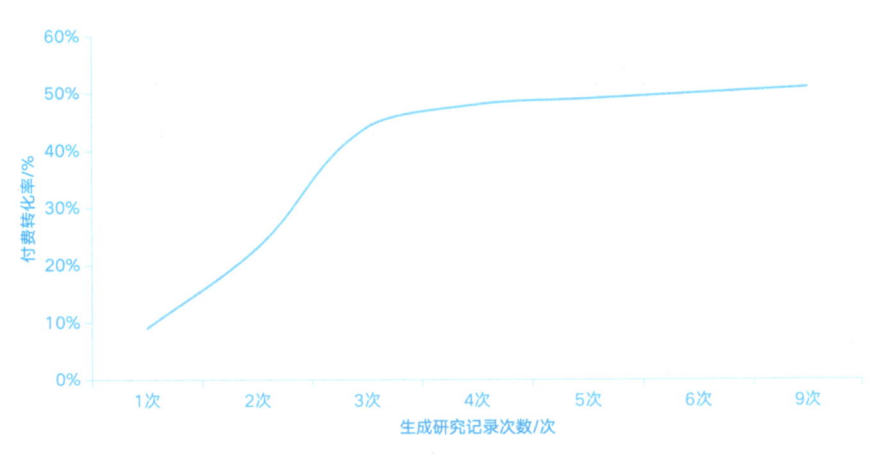

图4-11 生成研究记录次数和付费转化率的关系曲线

从图4-11中我们可以看到，当用户生成研究记录的次数达到3次以后，付费转化率迎来了变化的拐点，转化率明显提升，并且大于3次之后的付费转化率边际提升幅度越来越小，所以很明显，3就是我们要寻找的魔法数字。据此我们可以得出结论，**想要明显提升用户的付费转化率，我们必须想办法让用户至少生成3次研究记录**。这是我们接下来进行产品迭代和运营优化的重心。

4.6 基于魔法数字设计用户增长策略

前面我们已经确定了带动产品付费转化率提升的关键是想办法让用户至少**生成3次研究记录**，接下来我们需要分析如何围绕这个目标设计用户增长策略。

4.6.1 让用户完成1次产品的黄金体验路径，加速体验Aha时刻

在这一部分，我主要使用**用户体验地图和情绪曲线模型**来分析如何优化产品，让用户快速完成1次产品黄金体验路径并加速体验Aha时刻。

1. 黄金体验路径

先概括一下AI快研侠这个产品的黄金体验路径，根据我们对通用研究创作的调研，一个用户完整地创作一篇研究报告的流程如图4-12所示。

图4-12　AI快研侠的黄金体验路径

(1) 基于研究主题构建研究框架，创建研究大纲。用户通过AI快研侠可以快速生成研究大纲。

(2) 编辑和调整研究大纲。显然，AI生成的研究大纲有时并不能完全符合用户的需求，或者有些用户已经有研究思路了，但是AI生成的研究大纲没有完全覆盖他的思路，所以我们需要提供编辑大纲的功能，支持用户增删调整。

(3) 检索相关的参考资料。很多用户会通过各种平台搜索和下载与研究主题相关的参考资料并构建一个研究资料库，我们可以通过搜索引擎自动完成这项工作。

(4) 阅读多个参考资料并梳理创作成文。AI快研侠可以批量阅读多个文档并基于研究大纲快速生成一篇研究报告。

以上就是AI快研侠这个产品的主要使用路径，接下来我将要介绍在整个体验路径上我们经历过的问题以及优化思路。

图4-13为AI快研侠的用户体验地图和情绪曲线，根据这个曲线，我们可以看到，在整个产品的体验路径上，**出现了3个情绪低谷点、2个峰值体验点**。

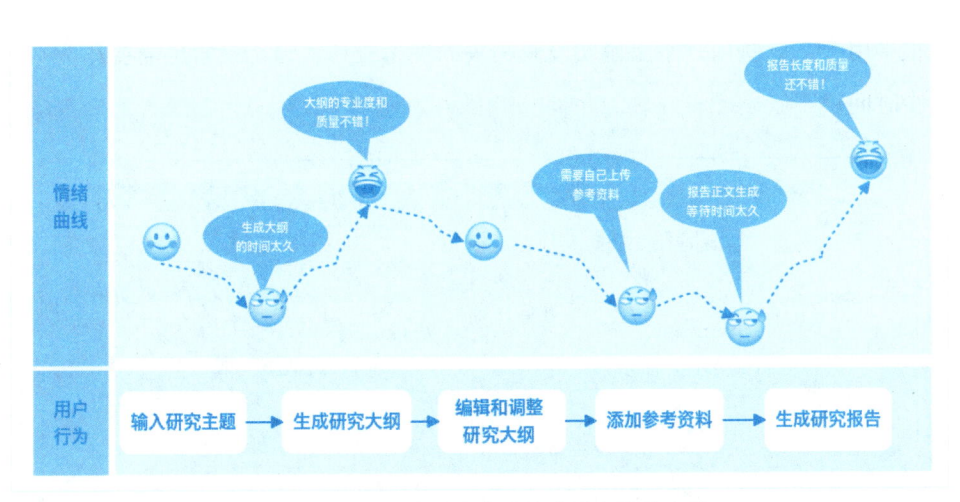

第 4 章　用户增长 6 步法：我的创业增长实践

图4-13　AI快研侠的用户体验地图和情绪曲线

2. 情绪低谷点

(1) 大纲生成等待环节。在这一环节，用户不满意的主要原因是大纲生成等待的时间有点长，如图4-14所示，大纲加载了很久也没有输出内容。

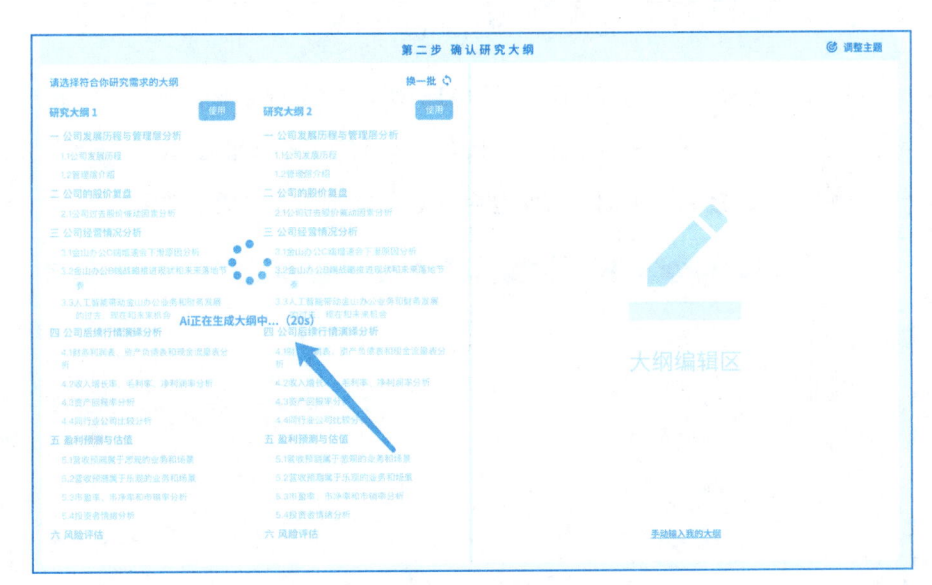

图4-14　AI快研侠大纲生成等待环节

(2) 添加参考资料环节。一开始，我们没有提供参考资料自动检索的功能，如图4-15所示，需要用户自己手动添加一些参考资料。这个环节难住了很多用户，有些用户手上确实没有相关的参考资料，自己检索也需要花费不少时间。

图4-15　AI快研侠上传资料页

(3) 报告正文生成等待环节。因为AI快研侠生成的研报非常长，生成一篇报告有的时候需要5～10分钟，如图4-16所示，长时间的加载等待会让用户失去耐心，直接离开页面，有时甚至会忘记报告正在生成这件事。

图4-16　AI快研侠正文生成等待环节

3. 峰值体验点

(1) 成功生成研究大纲环节。当用户看到成功生成的研究大纲(见图4-17)时，迎来第一个峰值体验点。AI快研侠生成的大纲内容比较系统，更接近专业的研究大纲，大纲层级细化到三级，多数用户对此比较满意。

图4-17　大纲生成结果页

(2) 成功生成报告正文环节。用户在经历前面几个步骤之后，当看到AI快研侠成功生成研究报告(见图4-18)的时候，迎来第二个峰值体验点。多数用户对AI快研侠能够一次性输出数万字的报告比较满意，并且报告中不仅有文字，也有表格，这是很多类似产品所不具备的功能，用户对此比较认可。

图4-18　报告正文生成结果页

4. 优化情绪低谷点和放大峰值体验点

基于以上关于情绪低谷点和峰值体验点的分析，接下来我将要介绍如何通过**优化情绪低谷点和放大峰值体验点**，对整个产品使用路径进行优化和调整，以提升整个产品使用路径的漏斗转化率。

1) 解决大纲和报告正文生成环节等待时间较长的问题

为了解决用户等待时间较长的问题，我们想办法压缩大纲和报告正文的生成时间，取得了一定的效果。但是因为模型调用次数和输出长度的限制，无论怎么压缩，用户等待的时间都比较长，所以我们尝试在产品层面上进行优化，从而解决该问题，具体优化点如下所述。

(1) 采用边生成边输出的方式输出结果。一开始我们采用先生成全部内容再输出的方式，无法避免漫长的等待时间，如图4-19所示。

图4-19　优化前的等待界面设计

后来我们把这个漫长的过程拆分成多个阶段，如图4-20所示，采用一边生成一边输出的方式，这样可以确保用户在10~20秒看到部分生成结果，用户也可以在打印的过程中一边阅读一边等待，这样明显优化了用户的使用体验。

(2) 增加微信订阅通知，生成报告后通过微信通知提醒用户。有些用户不愿意等待，为此，我们设计了订阅通知提醒功能，报告生成后系统会及时通知用户，这样用户就不需要一直在界面前等待，如图4-21所示。

第 ④ 章 用户增长 6 步法：我的创业增长实践

图4-20 优化后的等待界面设计

图4-21 增加微信订阅通知

通过以上两个优化点，**基本解决了因为生成报告时间太长导致用户流失的问题。**

2) 支持自动检索参考资料，解决用户找不到参考资料的问题

在产品使用路径中，添加参考资料环节是用户流失率最高的一个环节，**很多用户会因为手上没有相关的参考资料，或者搜索参考资料的难度比较大而在该环节放弃使用AI快研侠。据测算，这一环节用户流失率超过

50%。优化前的添加参考资料页如图4-22所示。

图4-22　优化前的添加参考资料页

为了解决这个问题，我们增加了检索功能，可帮助用户自动检索参考资料，有效避免了用户流失。优化后的参考资料页如图4-23所示。

图4-23　优化后的添加参考资料页

3) 放大用户生成研究报告正文环节的峰值体验

前面介绍的是如何优化用户情绪低谷点的产品体验，接下来我将要介

第 4 章 用户增长 6 步法：我的创业增长实践

绍如何放大用户峰值体验点的产品体验，以生成研究报告正文环节的体验为例。

图4-24为AI快研侠最早版本的报告页视觉效果，我们将报告正文集中在左侧展示，参考信息集中在右侧展示，这样占用了不少页面空间，导致报告正文部分的展示空间比较小。这样的设计方式极大地降低了用户浏览报告的体验。

图4-24 优化前的报告正文结果页

因此，我尝试做了一些调整，想办法优化用户的使用体验，具体优化点包括以下几个。

(1) **放大报告正文部分的展示空间**，让用户能够全屏看到报告正文，提升浏览体验。

(2) **在报告正文中增加表格**，通过表格梳理信息，提高信息整合效率，缓解用户的阅读疲劳，形成视觉快感。为了强化这个快感，我特意把表格用棕黄色填充，让它看起来更突出。

(3) **增加目录导航**，让用户可以快速概览全文结构，理解全文脉络。

图4-25为优化后的报告正文页用户的付费转化率得到了明显提升。

以上，我通过用户体验地图和情绪曲线模型，优化用户完成产品黄金体验的路径。如果采用"转化=欲望－摩擦"模型也能达到类似的效果，前面有相关阐述，这里不再赘述。接下来我们接着思考，如何让用户持续地使用产品。

图4-25 优化后的报告正文结果页

4.6.2 利用上瘾模型让用户持续使用

接下来我基于上瘾模型的原理，思考如何让AI快研侠的用户持续地生成研究记录，并达成生成3次研究记录的目标。

1. 寻找有效的触发点，增强触发

从AI快研侠的产品能力来看，必然会存在用户留存率的问题，用户可能只会体验一次，然后就流失了。为了能和用户建立联系，把产品迭代的信息告知他们，我需要建设用户触达渠道。针对这点，我做了如下几件事情。

(1) 将微信公众号定义为最关键的触发渠道。为了能有机会和用户建立联系，让用户关注微信公众号，我要求用户在登录和注册时，用微信扫码关注产品公众号。同时，在该环节，我放弃了用户扫码登录后还需要手机号码验证这种烦琐的方式，用户扫码后就可以直接登录，优化了登录体验，也减少了用户流失。

(2) **引导用户添加我的企业微信，和我建立联系**。在订阅大纲和报告正文生成后，通过微信提醒引导用户扫码添加我的企业微信，这样做既可以在内容生成后提醒用户，也让我有机会和用户建立联系。这个方式非常重要，我通过这个方式顺利地联系上了用户，和他们建立了真实的链接，并能和他们讨论使用产品过程中遇到的问题，他们的反馈有助于我们持续优化产品。

(3) **建立用户交流和反馈的微信群**。微信群也是一个交流的渠道，我花了一点时间，让有意愿加入交流群的用户朋友入群接收产品动态。不过说实话，我不太喜欢在这个群里面发太多营销内容，一般只在产品有重大更新的时候，才会在群里推送通知，平时基本不打扰大家。

2. 设计资产沉淀

为了让用户持续使用产品，我需要想办法让用户在这个产品上沉淀一些"资产"，为此我做了一些独特的设计。

(1) **首页支持显示用户的研究记录**。第一版本的产品首页比较简洁，如图4-26所示，研究记录被收缩到右上角导航栏，极大地弱化了研究记录的价值。

图4-26　优化前的AI快研侠产品首页

后来我经过认真思考，为了让用户更容易看到自己创建的研究记录，看到更多属于自己的成果，我对首页做了调整，如图4-27所示，增加侧边栏，这样可以方便用户看到自己的资产沉淀。

(2) 支持用户沉淀和管理自己的研究资料。除了生成研报的功能，我还为AI快研侠设计了"我的资料库"功能，如图4-28所示，用户可以统一管理自己的研究资料。不过该模块的功能我还没有打磨好，目前只提供云端存储和查看功能，后续我会开发更丰富的管理和阅读功能。

图4-27 优化后的AI快研侠首页

图4-28 我的资料库

3. 给用户奖励

目前我还没有想好怎么给用户奖励。最近我发现了一个比较有趣的现象——有不少用户会在深夜或凌晨的时候使用AI快研侠，果然从事研究创作的人都是夜猫子，说实话我挺"心疼"大家的，所以我计划设计一个深夜关怀功能，如果用户在晚上11点后还在使用AI快研侠，我会向他们赠送免费生成报告全文的福利，并跟他们说一声"辛苦了"。这样或许能宽慰深夜加班的朋友们。不过这个功能目前还没有落地，我会尽快开发这个功能。

4. 引导用户付诸行动

在用户行动引导方面，我主要做了以下两件事情。

(1) 时刻提醒自己，每次向用户推送产品更新、生成报告案例的时候，别忘记附上产品的体验链接，以方便用户直接点击体验产品；或者附上企业微信二维码，让用户能随时联系我，这个细节设计能帮助产品获得更多机会。

(2) 首页保持简洁风格，只有一个输入框，这样可以降低用户行动的成本。

以上就是我通过上瘾模型逐步优化产品的过程和经历。每一个产品从上线到成熟运营都要经历很长一段时间，虽然很多优化可能只是一些细微的调整，但是通过这些细微的调整可以让产品慢慢变好，让用户体验越来越佳。

4.7 通过 AB 实验验证用户增长策略效果

前面我们基于"生成3次研究记录"设计了一系列用户增长策略，接下来我们可以通过AB实验来检验这些策略的效果。

对于创业公司而言，不需要采用非常严格的实验分流和实验系统进行

AB实验。通过快速迭代，按实施策略前后对比来验证策略效果会更加现实一些，具体的验证结果如下所述。

(1) **通过采用边生成边输出、支持微信订阅提醒的方式，解决大纲和报告正文生成环节用户等待时间较长的问题。大纲和报告正文生成环节的用户流失率从25%降低到11%**，加上后面环节付费转化率的提升，整体**付费转化率实现翻倍增长**。

(2) **通过支持自动检索参考资料的方式，解决添加参考资料环节用户流失的问题**，使添加参考资料环节的**付费转化率从50%提升到将近70%**。

(3) **通过调整报告正文结果页视觉效果，放大生成报告正文环节的峰值体验**，使生成**报告正文结果环节的付费转化率提升1倍**。

(4) **通过建立公众号、企业微信等有效触发渠道，沉淀研究资料库和研究记录等用户资产**，生成记录次数3次以上的用户占比实现2倍以上增长。

(5) **通过持续地输出优质内容**，在没有投流的情况下，获取数千个高质量的精准用户，完成产品的冷启动增长，同时让我从琐碎的工作中解脱出来，专注于输出高质量的研究内容。

表4-3为AI快研侠用户增长策略效果汇总。因为现阶段AI快研侠的用户规模还不大，策略价值还没有被放大，但通过这些策略，我能方向明确、思路清晰地去探索产品的用户增长路径，有条不紊地完成创业阶段的工作。这些策略对我自己而言，帮助是非常大的。

表 4-3 AI快研侠用户增长策略效果汇总

用户增长核心杠杆	魔法数字	用户增长策略	具体效果	策略有效性
重点提升行业研究场景的付费转化率	生成3次研究记录	1.通过采用边生成边输出、支持微信订阅提醒的方式，解决大纲和报告正文生成环节用户等待时间较长的问题	大纲和报告生成节的流失率从25%降低到11%	付费转化率实现翻倍增长
		2.通过支持自动检索参考资料的方式，解决添加参考资料环节用户流失的问题	添加参考资料环节的付费转化率从50%提升到将近70%	

(续表)

用户增长核心杠杆	魔法数字	用户增长策略	具体效果	策略有效性
重点提升行业研究场景的付费转化率	生成3次研究记录	3.通过调整报告正文结果页视觉效果，放大生成报告正文环节的峰值体验	生成报告正文结果环节的付费转化率提升1倍	付费转化率实现翻倍增长
		4.建立公众号、企业微信等有效触发渠道，沉淀研究资料库和研究记录等用户资产，让用户持续使用	生成记录次数3次以上的用户占比实现2倍以上增长	
重点运营小红书平台，获取金融投研人群用户和产品经理用户	被平台有效推荐的优质内容数量(越多越好)	持续地输出优质内容，有利于有效地获客	在没有投流的情况下，通过自然获客，获取数千个高质量的精准用户，完成产品的冷启动增长	明确重心，专注于输出高质量内容

通过AB实验，进一步验证了用户增长6步法并不是大厂的"空中楼阁"，而是能够落到实处的方法论。以上就是AI快研侠这个创业项目的用户增长实践案例，希望我能够从创业者的视角，给同样也在创业的朋友提供一些思路和参考。

4.8 对产品未来用户增长的思考

以上增长策略是我对过去以及当下工作的一些总结和思考，在用户增长6步法的指导下，我觉得还有几个策略也有利于用户持续增长。

(1) 从PC(个人电脑)端拓展到移动端。之所以先做PC端，是因为创作场景高度依赖编辑，在PC端会更加合适。我需要在PC端完成整个产品的研发，同时向移动端提供一个简洁的版本。但是PC端产品不利于用户增长，而移动端产品更容易实现用户增长，所以我觉得接下来有必要开发小程序、App，以方便用户随时随地体验产品。

(2) **从产品能力的角度看，以创作为主线，拓展搜索和阅读场景的功能**。生成场景是比较小众的需求，但是搜索和阅读属于刚需，所以未来我需要开发研究报告的搜索功能，以优化研究报告的阅读体验。

(3) **从增长渠道的角度看，应该侧重于开发KOL资源**，与KOL建立合作，以更快地带动用户增长。

以上是我对AI快研侠这款产品的一些延伸思考，如果你有更好的建议，欢迎随时给我反馈，帮助我更好地优化这款产品，在此先感谢用户增长领域的各位专家和高手。

本章小结

在第4章，我以我的创业实践为例，重温了一遍"用户增长6步法"。这个案例说明，即使是一个小微创业公司，也可以用这套方法论解决企业用户增长问题。为了方便大家理清脉络，我将这部分内容梳理成一个脑图，大家可以扫描下方二维码查看。

第 2 部分
用户增长组织

第5章 如何组建用户增长团队

5.1 用户增长也是一门"组织"管理的学问

一直以来,我都坚信,企业的用户增长问题,不仅是一个与产品、运营、数据有关的"技术"问题,还是一个与管理有关的"组织"问题。组建用户增长团队既是一门专业学问,也是一门组织学问。

当我通过微信公众号等平台分享了前面几章的内容之后,我收到了很多来自读者的问题,他们想知道在用户增长团队中,各个小团队之间应如何分工以及如何分配职责。他们感觉自己公司的用户增长团队就像个摆设,根本发挥不了作用,产品、运营、数据工作人员之间缺乏协作、分工不清、边界感不强,跨团队的协作比较困难。这些问题其实是组织问题,而不是技术问题。

在本章,我将围绕**"如何组建用户增长团队"**这个主题,进一步介绍用户增长知识。

5.2 科学地组建用户增长团队的重要性

很多用户增长团队的失败,是从组织设计不科学开始的。在过去8年里,我组建了3支用户增长团队,深知科学地组建用户增长团队的重要性,这种重要性主要体现在如下5点。

1. 确保组织围绕用户增长运作

管理者给团队定什么样的目标，团队就会思考什么问题。如果管理者给团队定了一个忽略用户增长的目标，那团队一定不会考虑用户增长的问题，甚至可能站在用户增长目标的对立面。

举个以前我经常碰到的例子，作为运营团队成员，我经常会抱怨产品人员不关心用户增长，只知道持续地新增和优化产品功能。然而产品人员对运营人员提出的各种用户增长建议充耳不闻，还是按照以往的产品规划开展工作。可见，一旦关键团队不把用户增长作为自己团队的业务目标，组织运作就会偏离用户增长，这几乎就预示着产品失败。

科学地组建用户增长团队，能够明确用户增长目标，使团队成员聚焦于用户增长工作，分清轻重缓急和工作方向，从而确保组织围绕用户增长运作。

2. 有利于形成良好的用户增长文化

科学地组建用户增长团队能够把团队人员凝聚到一起，形成充满激情的用户增长文化。这种情形在以前的创业公司中很常见，而这几年越来越少见。如果大家都按部就班地做自己分内的事情，就不会有创新，只有良好的团队文化才可能激发团队成员更多创意，从而助力企业发展。

3. 减少团队内耗，形成驱动用户增长的协作机制

科学地组建用户增长团队有利于团队成员顺畅协作，成员可以把更多精力用于促进用户增长，而不是讨论职责分工和边界问题，从而减少组织内耗。

4. 确保有效的用户增长策略顺利落地

很多用户增长团队的工作之所以难以推进，可能是因为用户增长创意无法执行，这会极大地挫伤团队成员的积极性。比如你提了一个有效的创意，但是需要跨团队支持，然而配合团队却以资源有限为由直接拒绝，你没有渠道进行申辩，最后就可能错失很多机会。科学地组建用户增长团队，能够

提高团队的协作水平，使各项工作衔接更顺畅，从而确保用户增长策略顺利落实。

5. 确保资源的合理分配

科学地组建用户增长团队有利于保证决策机制的正确性，合理地调配资源。如果产品团队和运营团队都围绕用户增长开展工作，那么有限的资源应向有利于用户增长的策略倾斜。

5.3 大厂用户增长团队组织设计

5.3.1 国内大厂用户增长团队的组织架构

我们先来研究国内大厂用户增长团队的组织架构是怎么设计的。国内某大厂用户增长团队组织架构如图5-1所示。

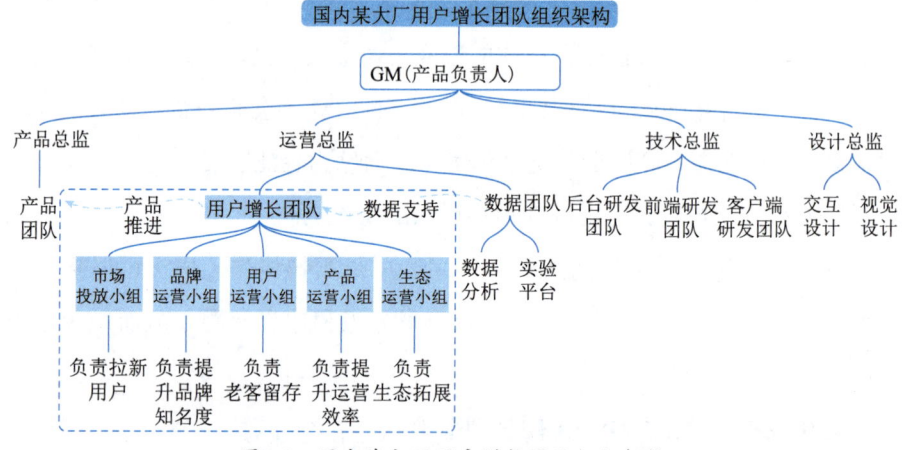

图5-1 国内某大厂用户增长团队组织架构

在大厂里面，通常每个产品中心的员工人数都比较多。大厂基本会按照产品、运营、数据、研发来细分业务内容并组建部门，而用户增长团队一般会被放在运营团队中，同时将其进一步细分为新客获取、老客留存、品牌运营、生态运营、运营效率等小组。

在这种组织架构中，用户增长团队其实没有非常强大的组织力量，资源调动能力和决策能力都比较有限，并且用户增长团队、产品团队、数据团队表面上看是相互协作和配合的关系，但实质上3个团队各自为政。

这种组织架构的运行依赖团队之间的协作与配合，要求管理者具有较强的管理能力。关于这种组织架构的优势和劣势，我会在5.4节重点阐述。

5.3.2 国外大厂用户增长团队的组织架构

下面我们看看国外部分大厂用户增长团队是怎么设计组织架构的，以FaceBook和Linkedin两个公司为例。

Facebook的用户增长团队组织架构如图5-2所示。和国内大厂不同的是，Facebook的组织架构是围绕实现用户增长这个核心目标来设计的，用户增长负责人的权力比较大、组织定位比较高，他直接向CEO(首席执行官)汇报。值得关注的是，产品团队隶属于用户增长团队。

```
Facebook用户增长团队组织架构设计
          │
      CEO(首席执行官)
          │
       增长负责人
          │
       用户增长团队
   ┌──────┼──────┬──────┬──────┐
增长策略团队 增长服务团队 品牌和社会责任团队 产品团队 全球互联团队
   │      │          │           │       │
输出核心策略 增长基础   品牌知名度    产品研发  全球运营
          设施建设    提升
```

图5-2　Facebook用户增长团队组织架构

Linkedin的用户增长团队组织架构如图5-3所示。与Facebook类似，

Linkedin的产品负责人就是用户增长的第一责任人，直接向CEO汇报。与Facebook不同的是，Linkedin的用户增长团队组织架构是按照用户增长来源设计的，不难看出其用户增长主要依靠SEO(搜索引擎优化)带来的自然新增、用户裂变新增以及用户留存。

Facebook和Linkedin的用户增长团队组织架构明显是围绕着用户增长的目标进行设计的，用户增长负责人的组织定位更高、决策权力更大，产品和运营小组都是隶属于用户增长部门，有利于推进用户增长工作。

图5-3　Linkedin用户增长团队组织架构

5.4 如何合理地建设用户增长团队

5.4.1 明确用户增长团队的组织定位

1. 用户增长团队组织定位的重要性

我收到过不少公众号读者提出的有关用户增长团队组织架构的问题，概括起来主要有如下几个问题。

"用户增长团队和产品团队怎么分工，边界如何划分？"

"用户增长团队要做的事情好像很不清晰，在组织中的位置很尴尬，怎么办？"

"运营团队和产品团队之间总是有很多相互扯皮的情况，内耗很严重，如何解决这个问题？"

"各个团队的指标应该如何设计才有利于用户增长？"

这些问题非常普遍，大部分企业可能都存在类似问题。产生这些问题的根源是企业在设置用户增长团队的时候，没有对用户增长团队进行明确的组织定位。大部分企业依样画葫芦，觉得用户增长很重要，需要有一个团队专门负责，又觉得用户增长工作与运营工作有关，于是就在运营部门里面增加一个用户增长团队。这就是所有让人头疼的问题的开端。

所以，在设定用户增长团队之初，明确用户增长团队的组织定位非常重要，企业负责人应该明确用户增长团队在整个业务中扮演什么样的角色。

2. 目前大部分企业的用户增长团队是怎么进行组织定位的

根据我个人的了解，目前大部分企业的用户增长团队的组织架构如图5-4所示。

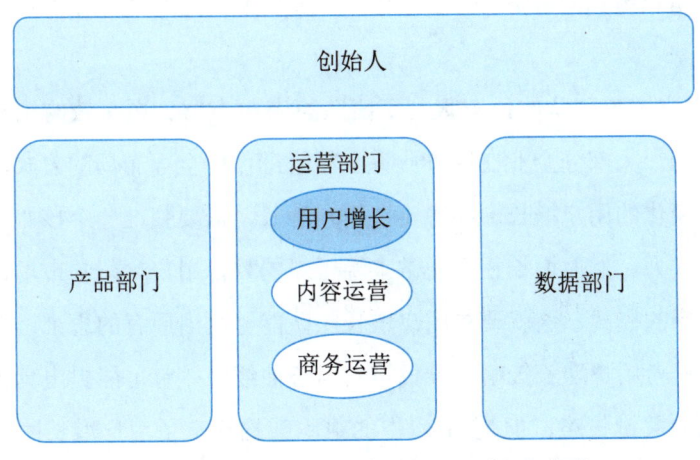

图5-4 大部分企业的用户增长团队的组织架构

从图5-4可以看出，大部分企业将用户增长团队设置在运营部门内，也就是说，将用户增长团队定位为一个运营团队，组织设计者可能会认为用户增长的第一责任人应该是运营团队，用户增长团队在运营部门内部与内容运营团队、商务运营团队协同配合，共同驱动用户增长，然而企业给这个团队设定的目标却是用户增长指标。这种组织架构存在如下几个问题。

(1) **将用户增长团队等同于运营团队**。从我过去的经验看，一个产品的用户增长不可能光靠运营。通常情况下，产品是用户增长的基础，而运营是用户增长的催化剂，因此产品非常重要，所以让用户增长团队隶属于运营团队本身就不合理，因为产品团队也同样需要关注用户增长。

(2) **增长团队的责任目标和决策权力不匹配**。从图5-4的组织架构可以看出，用户增长团队没有实际话语权，只是象征性地背负整个公司的产品目标，却没有与目标对应的决策权力，包括产品发展规划权力、研发资源分配权力、产品用户增长核心策略制定权力等。

(3) **将运营能力作为驱动用户增长的关键能力**。电商、游戏、内容类产品的用户增长非常依赖内容运营和用户运营，因此通过提高运营能力确实可以带来明显的用户增长。但是SaaS产品、工具效率产品的核心增长驱动力还是产品能力。这就导致用户增长团队非常尴尬，挂着用户增长团队的头衔，却干不了太多推动用户增长的事情，或者干了很多事情却对用户增长没有产生效果和影响。

(4) **用户增长团队的位置限制了团队思考更上层、更有效的用户增长策略**。我认为，大部分企业在原有业务上精耕细作、全面布局的方式，往往难以实现规模化的用户增长。要想实现用户增长，需要找准一个核心的增长杠杆并集中发力。然而增长杠杆通常来源于新的目标用户、新的市场、新的技术，甚至新的模式，这就要求用户增长团队能够跳出原有的思维，以更上层的维度去思考用户增长策略，寻找第二增长曲线，才有可能提出真正能带动用户增长的关键策略。但是图5-4中的组织架构决定了用户增长团队不可能去思考大策略，也不会去探索第二增长曲线，团队成员的思维被限制住了，于是团队运营陷入死循环，成员累得不行，却做不出业绩。

(5) **用户增长策略难以推动和落地**。很多用户增长团队知道核心增长策略的重要性，有时候也制定了这样的策略，但由于对内没有运营部门其他团队的配合，对外没有产品团队配合，向上又缺乏上层支持和沟通，导致策略根本无法落地。

3. 用户增长团队应怎样定位

谈完现有大部分企业在用户增长团队定位上存在的问题之后，下面介绍一下我对用户增长团队定位的理解和建议，如图5-5所示。

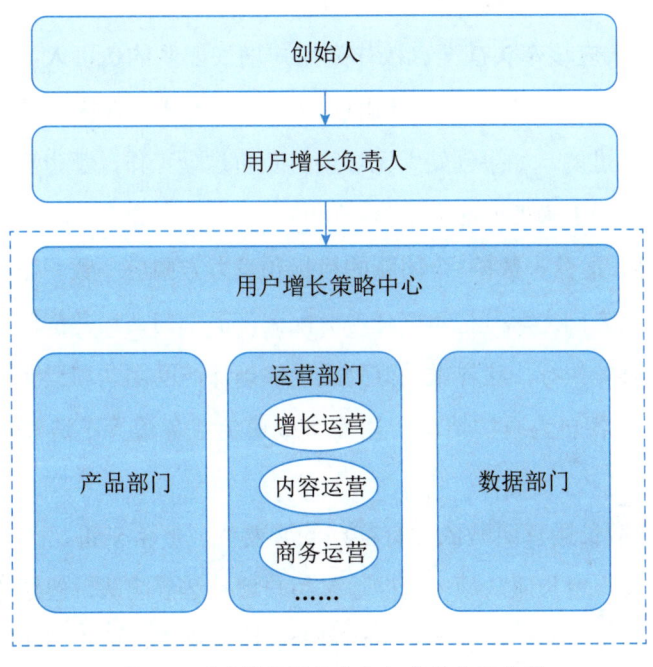

图5-5　用户增长团队在组织中的合理位置

(1) 用户增长团队应该是一个系统组织。我认为不能单纯地将用户增长团队划分到运营部门，也不能另立一个和产品部门、运营部门同级的增长部门，用户增长团队应该是一个系统组织，产品、运营、数据等部门都应该是这个系统的一部分，由整个系统共同为用户增长服务。

为了让各个部门能够更好地协作并共同为用户增长服务，用户增长团队需要有一个策略中枢，其在组织架构中的位置应该高于产品部门、运营部门、数据部门，我把这个策略中枢称为"用户增长策略中心"。用户增长策略中心应由级别较高的专家组成，包括产品专家、用户专家、增长专家、市场专家、数据专家，这些专家通常也是产品部门、运营部门、数据部门的负责人。

(2) **用户增长团队应具备调动资源的权力和影响力，拥有决策权**。为什么要这样设计？前面我说过，用户增长策略应由资深专家站在更高的层面来设计，这样才能确保策略的合理性和有效性。这些专家必须具备调动研发资源、预算资源的权力，并且拥有决策权，否则整个用户增长团队便形同虚设，专家们制定的策略也是无法落实的。

(3) **创始人应该牵头甚至直接作为用户增长团队的负责人**。上文提到，用户增长团队应有决策权，那么由创始人来牵头甚至直接负责用户增长工作，是最好不过的。如果创始人无法亲自负责这项工作，那也应该由掌握业务话语权的一把手来把控这项工作。

(4) **产品、运营、数据3个团队的目标和发力方向应一致**。用户增长策略中心确定策略方向之后，把策略任务分配到产品部门、运营部门，分别由相应的团队来具体执行。这样做的好处是能够确保产品团队和运营团队目标一致，不会出现各自为政的情况，从而有效避免业务边界不清和推诿扯皮的问题。

(5) **用户增长运营团队依然有存在的必要性**。严格来讲，大部分企业运营部门下的用户增长团队顶多只能算是用户增长运营团队，但这个团队仍然有存在的必要性，他们需要负责市场投放、品牌推广、用户调研、用户激活等工作。需要注意的是，对于这个团队的定位不要太高，也不要让这个团队来背负整个产品的用户增长目标，这个团队应只对部分增长指标负责，比如新增用户指标，这样安排更切合实际。总之，我们应该秉持这样的原则——没有赋予它那么大的权力，就不要给它定那么高的目标。

总结起来，我认为现在大部分企业的组织架构设计没有发挥用户增长团队的价值，导致用户增长团队无法做出更大的贡献。为了改变这一现状，应把用户增长上升到策略维度，赋予用户增长团队决策权和调动实际资源的权力，如此才能真正实现用户增长，达到企业的预期目标。

5.4.2 构建用户增长团队的最佳组合

1. 用户增长团队的最佳组合

前面我讲过，真正的用户增长团队是由多个团队组成的系统。那么用户增长团队的最佳组合是什么？我认为用户增长团队应该至少包含**产品团队**、**运营团队**、**数据团队**，如图5-6所示。

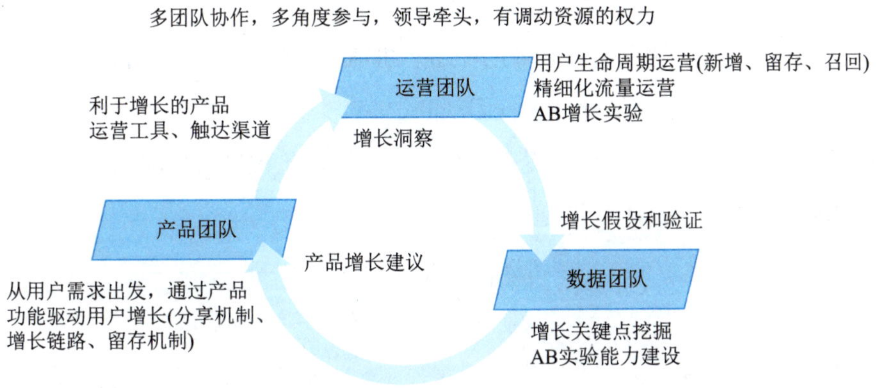

多团队协作，多角度参与，领导牵头，有调动资源的权力

运营团队
用户生命周期运营(新增、留存、召回)
精细化流量运营
AB增长实验

产品团队
利于增长的产品
运营工具、触达渠道
从用户需求出发，通过产品功能驱动用户增长(分享机制、增长链路、留存机制)

数据团队
增长关键点挖掘
AB实验能力建设

增长洞察　产品增长建议　增长假设和验证

图5-6　用户增长团队的最佳组合

2. 用户增长团队的分工和定位

(1) **产品团队**。产品团队的专家既应该是产品专家，也应该是用户和市场专家，他们对用户需求和市场情况应有充分了解，能够从用户需求出发，提供优秀的产品解决方案。除此之外，产品团队也应具备用户增长思维，要承担起促进用户自增长的任务，其中包括用户留存路径设计以及产品扩散裂变设计。过往的工作经验告诉我们，具备增长思维的产品经理，能有效推进增长团队和运营团队的工作开展，从而实现用户增长目标。

(2) **运营团队**。运营团队负责对用户做产品功能的价值传递和教育，围绕用户生命周期设计新增用户、留存用户、找回用户的策略，通过AB实验验证运营策略的有效性。运营团队的职责就是想办法放大产品的价值，同时通过持续的用户增长运营实验发现用户增长需求，并提出用户增长建议，有效推动用户增长策略的落地实施。

(3) **数据团队**。数据团队负责发现运营团队和产品团队中存在的问题，提供优化建议，并且通过数据寻找有利于用户增长的策略。

5.4.3 设计用户增长团队的指标体系

1. 设定用户增长团队的北极星指标

关于北极星指标的设计，第3章已经完整介绍过，这里不再赘述。正如前文提到的，用户增长团队通常会将有效活跃的DAU或者MAU作为北极星指标。

2. 如何拆解北极星指标并进行团队分工

结合多年工作经验和企业实例，我整理了拆解北极星指标和团队分工的整体思路，具体如图5-7所示。

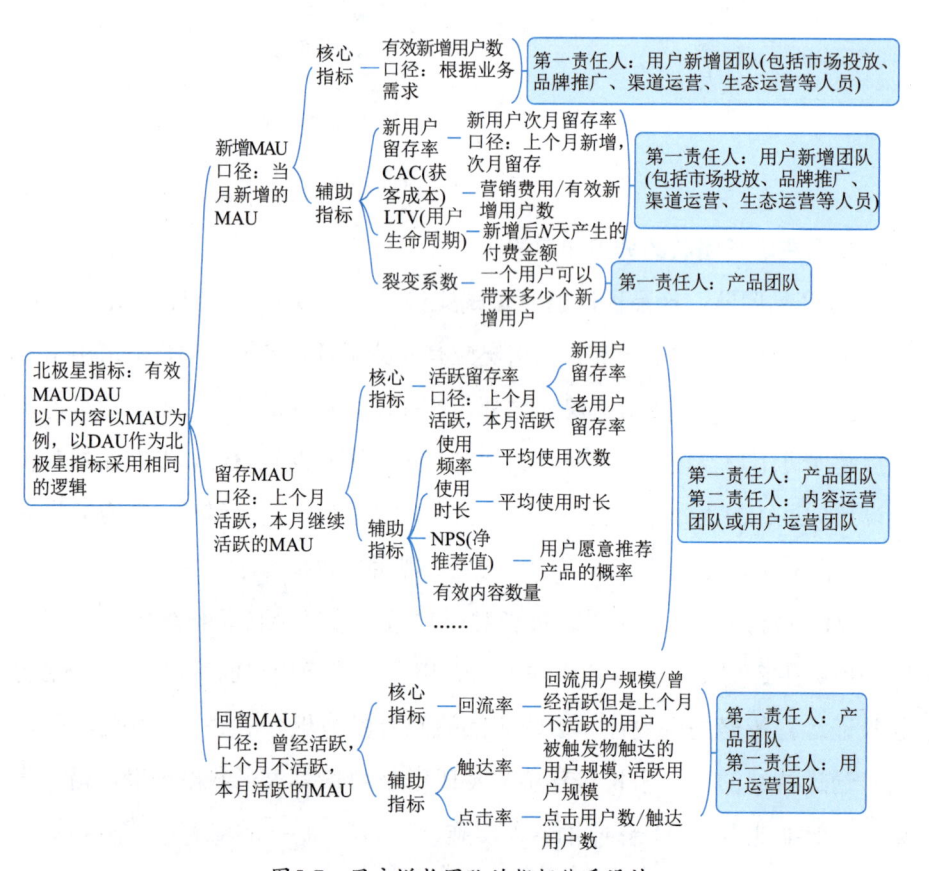

图5-7 用户增长团队的指标体系设计

1) 谁才是北极星指标的第一责任人

假如我们将有效MAU设定为用户增长团队的北极星指标。用户增长团队中包括产品、运营、数据等人员，他们任何一方都没有办法对指标整体负全责，那么到底谁是北极星指标的第一责任人？我认为前面提到的"**用户增长策略中心**"应是北极星指标的第一责任人，应对该指标负责，因为这个团队是整个用户增长系统的中枢，拥有决策权和资源调配权。

2) 如何下钻拆解指标和划分责任

如图5-7所示，比较常见的指标拆解方式是将"有效MAU"拆分成新增MAU、留存MAU和回流MAU 3个部分，具体的拆解过程如下所述。

(1) 新增MAU的指标拆解和责任划分。

① **指标拆解**。衡量新增MAU的核心指标可以用"**当月有效新增MAU**"，同时为了衡量新增用户的质量和健康度，避免负责获客的团队为了用户增长而不顾用户质量，可以增加投资回报率(ROI)、**新用户留存率**、**裂变系数**等辅助指标。

其中，ROI可以采用LTV或CAC评价，LTV表示平均一个新增用户在某一个时间周期内产生的付费金额，通常会采用7天、30天、90天、180天、365天等时间周期；CAC表示获取一个用户的成本，可以用营销费用/付费新增用户来计算。新用户留存率可以用新用户次月留存率或者新用户第N天的留存率作为评价指标。裂变系数表示一个用户可以带来多少新增用户。

② **责任划分**。新增MAU指标的第一责任人通常是增长运营团队中负责用户新增的小组，通常这个小组包含**市场投放**、**品牌推广**、**增长渠道运营**、**生态运营**等人员。

在辅助指标中，ROI和新用户留存指标应由负责获客的团队来负责，团队既要关注规模，也要关注获客质量。裂变系数这个辅助指标，应由产品团队来负责。这样设计有两个出发点：一方面，个人产品的裂变效应应该和产品使用的主流程结合，这样才能产生有效的裂变效应，很多产品运营团队会设计一个拉新裂变并给虚拟奖励的活动来刺激裂变增长，但过往的经验告诉我，如果没有和产品的主流程结合，这类活动的效果是很差的，还不如不做；另一方面，我们要求产品人员具备增长思维，在产品设计上要增加裂变机制，所以在考核他们时需要增加一个推进新增的指标，而裂变系数是最合适的指标。

(2) 留存MAU的指标拆解和责任划分。

① **指标拆解**。衡量用户留存的核心指标可以用"次月活跃留存率"，活跃留存的用户表示上个月活跃、本月还活跃的用户，因此"次月活跃留存率=上个月活跃本月还活跃的用户数/上个月活跃用户数"。活跃留存率用于评估活跃用户的留存状态。

同时还可增加几个评估产品黏性的辅助指标，如使用次数、使用时长、NPS(净推荐值)等，用于衡量用户对产品的使用频率、使用深度和好感度。此外，对于短视频或者电商类产品，内容和商品的数量也会影响用户留存，因此可以增加"有效内容数量"等辅助指标。

② **责任划分**。留存MAU指标的第一责任人应该是产品团队。不管是什么样的产品，产品人员都应该是用户留存、用户使用次数、用户使用时长等指标的第一责任人。而像内容数量等辅助指标，则应该由运营团队来负责，比如运营部门的内容运营团队。

(3) 回流MAU的指标拆解和责任划分。

① **指标拆解**。回流MAU主要衡量用户召回的情况，其中回流用户可以定义为"曾经活跃过，本月活跃，但是上个月不活跃的用户"。可以采用"回流率"作为衡量回流MAU的核心指标，计算方法为"回流率=回流用户规模/曾经活跃但是上个月不活跃的用户"。因为回流用户的召回通常离不开触达渠道，所以可以增加**触达渠道的触达率和点击率**等辅助指标。

② **责任划分**。回流MAU指标的第一责任人是产品人员，因为用户是否回来继续使用产品主要取决于产品价值。产品团队有责任通过持续创造产品价值吸引用户，而运营团队应负责做好价值宣导和教育，从而吸引用户回流。触达渠道的触达率、点击率等指标应该由用户运营团队负责。

5.4.4 设计用户增长团队的组织架构

根据前面的指标拆解逻辑，我们可以得出设计组织架构的思路，如图5-8所示。

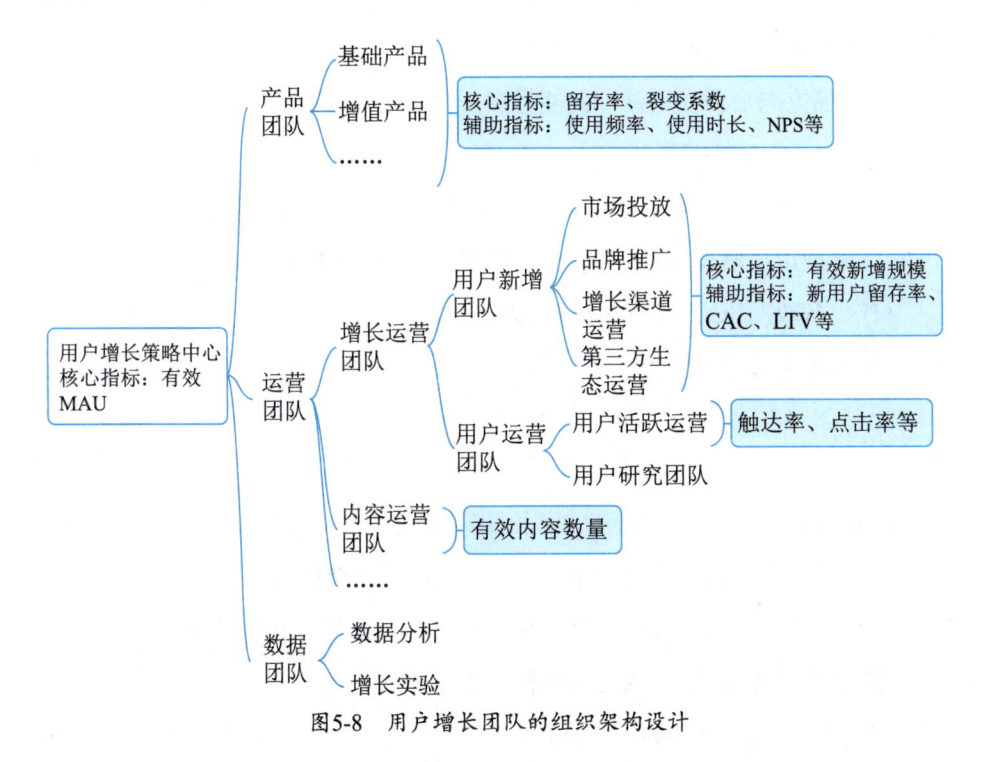

```
用户增长策略中心          ┌─ 基础产品
核心指标：有效    ─ 产品团队 ─┼─ 增值产品      核心指标：留存率、裂变系数
MAU                      └─ ……          辅助指标：使用频率、使用时长、NPS等

                         ┌─ 市场投放
                         │  品牌推广     核心指标：有效新增规模
           ─ 运营团队 ─ 用户新增团队 ─┤  增长渠道运营   辅助指标：新用户留存率、
                         │             CAC、LTV等
                         └─ 第三方生态运营

                    用户运营团队 ─┬─ 用户活跃运营 ─ 触达率、点击率等
                                 └─ 用户研究团队

                    内容运营团队 ─ 有效内容数量
                    ……

           ─ 数据团队 ─┬─ 数据分析
                      └─ 增长实验
```

图5-8　用户增长团队的组织架构设计

(1) **产品团队**。产品团队主要负责用户需求的发现和价值创造，对产品留存率等指标负责。产品团队下通常设基础产品组、增值产品组、策略产品组等，企业可按照实际需求进行设计。

(2) **运营团队**。运营团队负责价值宣导、增长效率提升以及产品运营过程中需要的内容生产等，对增长规模负责。运营团队下通常设增长运营团队和内容运营团队，其中增长运营团队分为新增用户运营团队和存量用户运营团队。

(3) **数据团队**。数据团队主要负责业务运行过程中的数据支持和数据洞察。数据团队下通常设数据分析团队、增长实验团队等。

5.4.5　招募用户增长团队的成员

概括起来，我觉得一个用户增长团队需要配备具有如下能力的人才。

(1) **有敏锐的市场洞察、用户洞察能力，擅长发现用户需求和理解市场的人**。这类人才是比较难得的。目前大部分产品和运营工作者，习惯于在公司定好产品方向后再做运营，而能提出正确的用户增长意见的人往往是那些真正研究过用户和市场的人。

(2) **有产品增长思维、知道如何通过用户增长设计促进产品增长的人**。

(3) **掌握用户增长运营方法论、擅长抓重点和找杠杆的人**。

(4) **具备数据思维、擅长做增长实验**的人。

(5) **心态足够开放的人**。

本章小结

在第5章，我分享了对用户增长团队建设的一些看法。如果未来有机会，我希望在我的创业公司里践行文中提及的组织架构。

以前我刚入职场的时候，总觉得对一个职员来说，具备专业技能是最重要的。随着工作时间越来越长，我越发觉得组织设计是一门更难的学问，特别是在这个竞争激烈的时代，企业创始人组织设计能力的高低甚至会影响企业经营的成败。

为了方便大家更好地理解第5章内容，我将其整理成一张脑图，大家可以扫描下方二维码查看。

第 3 部分
AB 实验

第6章 如何"科学"地做一场AB实验

6.1 为什么要强调"科学"

在本章的章名中，我强调了"科学"两个字，为什么要强调这两个字，主要原因有以下两个。

1. 大部分人做的AB实验是不科学的

在很多互联网公司，运营人员都知道通过AB实验验证结论和做数据决策，但是我发现大多数运营人员只是在做实验，并不是做真正的AB实验。AB实验的核心是控制变量和人群同质，但是很多运营人员在实验过程中并没有真正做到控制变量和实验人群同质，可见他们并不知道如何严谨和科学地设计AB实验，而不严谨、不科学的AB实验往往会得出错误的结论。

2. 有些数据并不严谨

在我以前服务的公司里，多数业务人员在年度复盘的时候，都会提及自己制定了哪些策略，然后带来了多大幅度的业绩提升，然而最后总经理却发现公司营收并没有提升，可见其中有些数据是不严谨的，很多人喜欢用不严谨的数据"忽悠"别人。

现在看来，我也曾经做过一些不严谨或不科学的实验，也曾基于实验数据得出一些不严谨的结论，但当时并未意识到，直到我进入腾讯，向腾讯很多资深的AB实验专家学习后,我才发现自己过往的做法是存在问题的。

6.2　AB 实验的常见误区

假如有人告诉你:"我设计了一个策略,并做了AB实验测试,上线之后,付费转化率从53%提升到55%,这是非常显著的效果提升。"你觉得他的话够不够严谨?从53%到55%的提升能否算显著的效果提升?这种提升有没有可能只是正常的数据波动?另外,对方是如何设计这个实验并得到这个结论的?实验设计本身有没有可能存在问题?

并于AB实验,我总结了以下几个常见的误区。

1. 数据提升幅度并不显著

影响数据提升幅度的主要因素是实验的样本量。如果AB实验每组样本量只有10个,数据提升幅度的结论可靠吗?显然是不可靠的;而如果AB实验样本量每组各有500万个,那结论应该是可靠的。

从统计学的角度看,如果实验样本量不够大,那么数据指标提升幅度需要足够大,才称得上显著;如果实验样本量足够大,那么即使数据指标提升幅度没有那么大,也可能是显著的。

在实验样本量一定的情况下,提升幅度需要达到多少,才算显著呢?统计学提供了一些工具,可以回应这个问题,后续内容会介绍。

2. 实验变量没有统一

以基于时间的对比为例,同一个人群第一季度的平均付费转化率是53%,实行策略后,第二季度的平均付费转化率是55%。这样的对比可能是有问题的,因为第一季度和第二季度属于不同的变量,有可能你不实行这个策略,也能得到这个结果。所以你需要先证明:去年第一季度的数据和第二季度的数据是一样的,没有发生变化,并且在这个时间段里面,你没有做其他事情。

3. 幸存者偏差

假设将实验组分为行动组和对照组，如果在行动组将优质人群作为样本，在对照组将普通人群作为样本，那么提升效果自然会比较明显。这种情况很常见，我们称之为幸存者偏差。

4. 实验人群分组不均匀，随机性不够

例如，行动组和对照组的人群样本都是最近7天的活跃用户，假如用户编号是按照用户活跃时间从近期到远期排列的，而你并不知道，你只是按照从前到后的顺序分组，这样就可能导致实验组用户都是7天里面最近几天活跃的，而对照组用户都是后面几天活跃的。你以为你控制了变量，实际上存在分组不均匀的问题。

6.3 如何科学地设计 AB 实验

6.3.1 AB实验流程

图6-1为AB实验完整流程，整个过程包括实验设计、实验分析、实验决策3个部分。

1. 实验设计	实验假设 → 实验指标设计 → 设计实验方案 → 配置实验 → 数据回收
2. 实验分析	P值检验　MDE(最小提升效果)
3. 实验决策与分析	实验决策　长期对照

图6-1　AB实验完整流程

（1）**实验设计**：实验假设→实验指标设计→设计实验方案(包括设定人群条件、确定最小提升目标、确定样本量)→配置实验(包括人群分组、AA空跑

实验、上线配置)→数据回收。

(2) 实验分析：P值检验→MDE(最小提升效果)检验。

(3) 实验决策与分析：实验决策→长期对照。

6.3.2　AB实验设计的要点

(1) 合理地计算实验样本量。

(2) 严格控制实验变量。

(3) 实验人群分组足够均匀和随机，确保"同质"。

(4) 明确实验结果是否显著(数据提升是否明显)。

6.3.3　从0到1完成一个AB实验

接下来我们以一个引导用户打开消息通知的实验场景(见图6-2)为例，对比图片弹窗和文字弹窗两种弹窗方式，看看哪种方式点击率更高。

图6-2　AB实验案例

1. 实验假设

根据电商行业的经验，在营销类场景中，图片弹窗的点击率比文字弹窗的点击率更高，那么在引导用户打开消息通知的场景中，用户会不会对文字弹窗有更高的接受度和点击欲望？用户会不会因为图片弹窗存在营销嫌疑而不想点击？我们假设在该场景，文字弹窗的点击率比图片弹窗的点击率高。

2. 实验指标设计

假设我们以"去开启"按钮的点击率来衡量实验效果，其点击率的计算方法为"按钮点击量/弹窗的曝光量"。当然，在实际工作中，我们可能不只关注这个指标，还需要关注后续指标。这里为了避免流程过于复杂，也为了让大家关注实验流程本身，我们只设定这个关键指标。

3. 实验方案设计

接下来，我们需要设计AB实验方案。如表6-1所示，我们设计了行动组A和对照组B两个实验组，具体步骤如下所述。

表 6-1 AB实验方案设计

实验组	人群条件	弹窗样式	预计需要用户量/个	预计曝光量/次	预期点击率
行动组A	最近7天活跃用户	文字样式	302 440	30 244	目标：点击率提升10%，达到5.5%
对照组B	最近7天活跃用户	图片样式	302 440	30 244	日常点击率5%

(1) 设定实验组数量和人群条件。本案例涉及两组实验，将实验人群确定为最近7天活跃用户。切记行动组和对照组的人群条件一定要一致，确保只有弹窗样式这一个变量。

(2) 设定一个行动组预期最小效果提升目标(MDE)。比如预期点击率提升10%，达到5.5%(对照组原来的图片型弹窗点击率为5%)。设定MDE的时候，主要根据业务预期自己判断。

(3) 预估实验最小样本量。对于实验最小样本量，可以这样理解：如果我要实现10%的提升幅度，且该提升幅度可以认定为显著提升，那么最低需要多少实验组样本量。如果实验样本量过少，实验结果可能不合理。究竟多少样本量比较合适，统计学有相应的计算公式，我们不需要深究，可以直接使用一个现成的工具来计算，详见右侧二维码。如图6-3所示，如果点击率从5%提升到5.5%为显著提升，那么每个实验组需要的最小样本量是30 244个，假设曝光率是

10%，那就意味着每个实验组需要的用户量至少是302 440个。因此，我们在分组的时候，应确保每个实验组大约有30万个样本量。

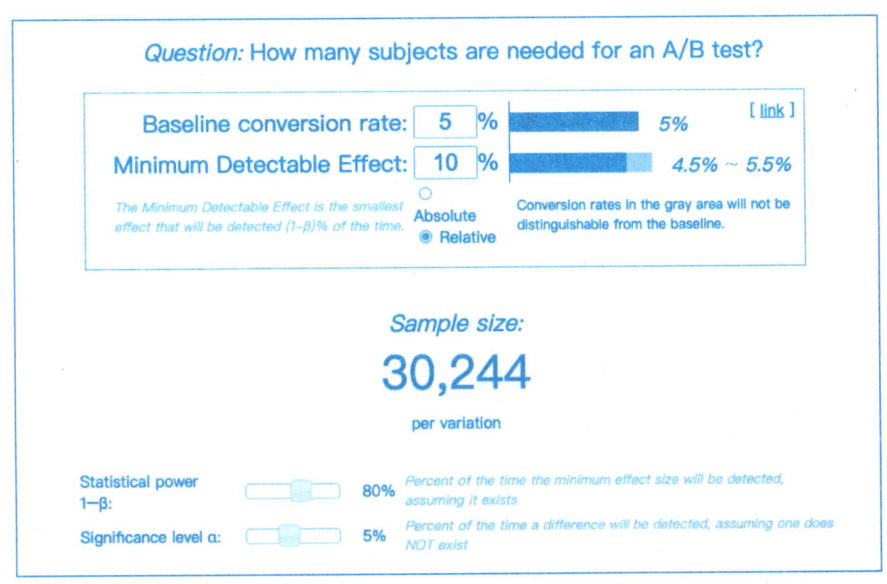

图6-3 实验最小样本量计算

4. 配置实验

设计好实验方案之后，接下来就要按照实验方案提取人群包。在这一环节，通常需要配备一个AB实验平台，或者企业内部推送管理后台，用于控制触达渠道的分发，配置实验的具体步骤如下所述。

(1) **根据人群条件分人群包**。通过切包工具切分人群，构建两个实验组的人群包。中小企业可能没有配备相应的切包工具，在此我向大家分享一个常用的切包工具(可关注微信公众号"三白有话说"，回复"切包工具")。切包工具主要用于解决切人群包时出现的随机性问题，如果切包不均匀，会导致两个实验组的人群包不同质，从而影响实验结果的准确性。

(2) **AA空跑实验**。AA空跑实验是指设计一个空跑周期，对两个人群都不做任何动作，看两个人群的数据表现是否一致，具体可以观察这两个人群自然打开消息开关的数据情况。AA空跑实验的目的是检验两个实验组是否足够随机和同质，以便提前排除实验人群不同质对实验结果的影响。

(3) **运行实验**。按照实验方案,向行动组A人群发送文字弹窗,向对照组B人群发送图片弹窗,让实验运行一段时间。

5. 回收数据

实验周期结束之后,回收两个实验组的效果数据。假如最后回收的数据如表6-2所示,行动组A的点击率是5.4%,对照组B的点击率是5%,点击率提升幅度为8%。

表6-2 回收实验结果数据

实验组	人群条件	弹窗样式	用户量/个	曝光量/次	点击量/次	点击率
行动组A	最近7天活跃用户	文本样式	302 440	30 000	1620	5.4%
对照组B	最近7天活跃用户	图片样式	302 440	29 999	1500	5%

6. 实验结果分析

对最终的实验结果,我们需要评估该实验的提升效果是否显著。下面我们通过P值和MDE两个维度进行判断,分析流程如图6-4所示。

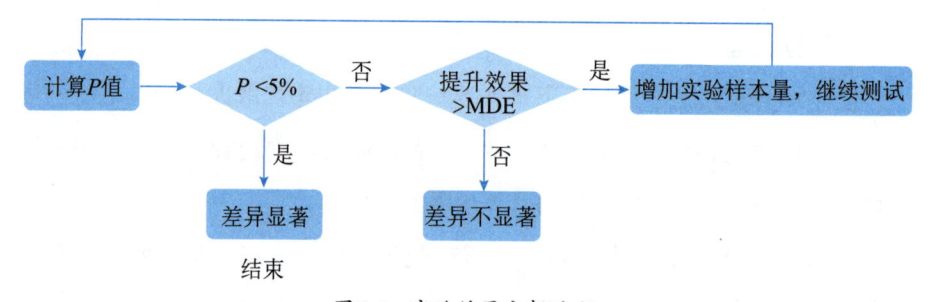

图6-4 实验结果分析流程

1) **计算实验结果的P值,如果$P<5\%$,该实验的提升效果显著**

扫描右侧二维码,通过其中的在线工具统计目前实验结果的P值,如图6-5所示,计算可得该实验结果的P值是2.7%,低于5%,说明该实验的提升效果是显著的,文字弹窗的点击率明显高于图片弹窗。

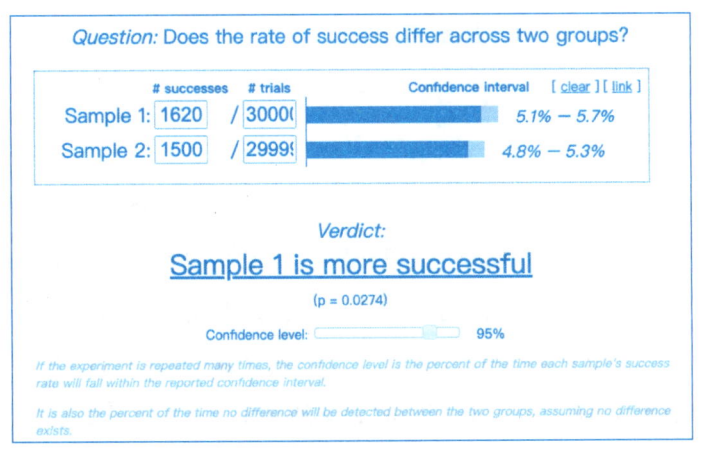

图6-5 计算P值

2) 如果P>5%，需要对比提升幅度和最小效果提升目标(MDE)的关系

假如实际提升幅度高于最小提升效果目标，说明实际提升效果比预期要好，可能需要增加实验样本量，然后继续观察实验结果。假如实际提升幅度低于最小提升效果目标，说明提升效果不显著，实验结束。

7. 实验决策

1) 实验结论和决策

AB实验的最终目的是为决策提供依据，我们可以通过AB实验确定最终选择什么方案。

以前面的实验为例，我们可以发现，采用文字弹窗的效果更好，那么我们就应该让更多的用户使用文字弹窗。

2) 设置长期对照实验

实验到此并没有结束，我们还**需要保留一个长期对照组用于持续观测**，因为**短期的实验结果与长期的结果可能并不一致**，所以我们需要长期观察。比如让90%的用户使用文字弹窗，再将剩余10%的用户平均分成两组，分别使用文字弹窗和图片弹窗，持续对比两种弹窗样式的点击效果，以验证实验效果。

长期对照实验是运营和产品人员衡量策略是否有效的重要方式，在字节等大厂，还会开展全局对照，让一部分用户不接触任何策略，收集相关数据后与实验数据进行对比。

6.4 科学设计 AB 实验有什么好处

1. 避免做出错误决策，降低试错成本

在实际工作中，有些人习惯拍脑袋做决策，这显然不可取。还有一部分人知道不能拍脑袋做决策，应该做实验，但是因为实验方法不对，最终得到了错误的实验数据，他们会拿着这些错误的实验数据跟别人说："我们实际测试过，这样做能提升效果。"结果，基于这些错误的实验数据制定的策略全面实施以后，没有呈现显著的效果。AB实验最终的目标是带来实际的效果提升，如果实验数据和方法不对，将会导致决策错误，更不可能实现预期效果。

2. 学会更加严谨地看待实验结果，洞察数据背后的隐藏条件

如果有人告诉你："我实施了一个策略，付费转化率提升10%，提升效果很明显。"你应该思考如下几个问题。

(1) 10%的提升幅度算显著提升吗？按照实验结果，最终的P值是多少？

(2) 实验样本量是多少？

(3) 行动组和对照组是怎么设计的？怎么确保两个实验组的人群是足够同质的？

(4) 如何控制这两个实验组不被其他策略影响？

如果对方无法很好地回答以上问题，说明他根本不知道如何做科学的AB实验，那么他的结论也不会太靠谱。如果对方能够充分地解释以上问题，并且还能告诉你具体的数据以及实验方法，那么他的结论是有可信度的。

3. 学会依据数据做出决策，形成科学的决策习惯

学会AB实验之后，我们可以形成科学判断和决策的方式，这种方式也可以用于企业决策甚至成为一种企业文化，再出现决策不了的问题，就通过AB实验进行决策。

6.5 AB 实验中如何解决实验分流问题

6.5.1 如何对实验人群进行分流

1. 通过"分桶"方式实现单层分流

通常做一项实验可能不只需要2组实验人群，有时候可能需要10组实验人群。这个时候，我们需要对一个人群进行切分。比如目标人群有100万人，将其平均分成10组，每组10万人。这是比较简单的分桶逻辑，很好理解。在业务发展初期，通常实验量不大，简单的分桶方式基本能满足业务需求。需要重视的是，不同分桶人群必须是随机的，并且不同分桶人群之间不相交，以确保他们在统计上是相似且具备可比性的。实验分桶的逻辑如图6-6所示。

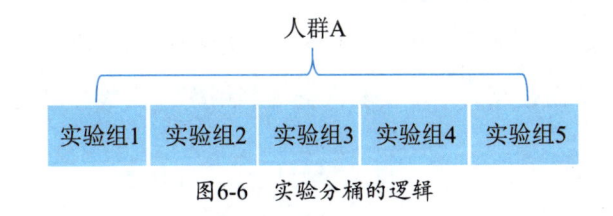

图6-6 实验分桶的逻辑

2. 单层分流的局限是实验用户无法重复利用

单层分流存在一定的局限性。假设目标人群仍为100万人，你要同时做4项实验，每项实验都需要10组，如果采用简单分桶的方式，那么就需要将这100万人切分成40个组，每组只有2.5万用户，如图6-7所示，最后可能导致实验样本量不够，那么你就无法在同一时间进行多项实验。为了解决这个问题，我们可以采用实验分层的方法，具体内容将在6.5.2部分介绍。

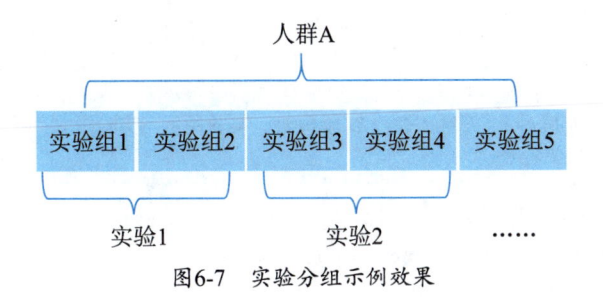

图6-7 实验分组示例效果

3. 通过散列算法确保不同分桶人群的随机性

不同分桶人群的随机性，通常是通过散列算法来实现的。常用的散列算法有消息摘要算法(message digest，MD)、安全散列算法(secure hash algorithm，SHA)等，不过这些算法对产品经理和运营人员而言过于复杂，我们不需要深入研究，只需要知道相关概念。如果企业内有专业的数据分析师，可以让数据分析师处理，或者使用一些现成的切包工具，比如前面提到的切包工具，也是基于这些散列算法实现的。

6.5.2 如何提高实验人群的利用率，在同一时间做大量实验

用"分层"的方式可以提高实验人群的利用率。通过分层的方式，可以在同一个人群的基础上建立很多实验分层，同一个用户可以出现在不同的分层里面。这样就可以用不同的分层做不同的实验，并且能够确保不同分层之间互不影响，从而提高同一个实验人群的利用率。实验分层的逻辑如图6-8所示。

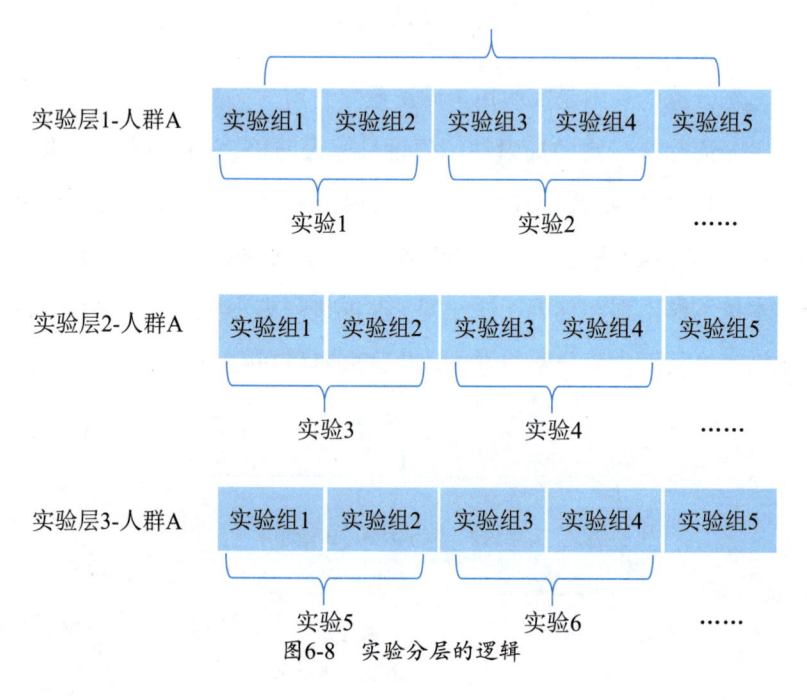

图6-8 实验分层的逻辑

你可能会疑惑，不同的分层如何互不影响？我们通过图6-9可以看到，每一个实验层中的每一个桶中的人群，都会被平均分配到另一个实验层中的每一个桶的人群中，这样就可以确保一个实验层中的所有桶中的人群都被其他实验分层的策略影响，因此同一层的不同桶中的人群之间基本同质，不会受其他实验影响。

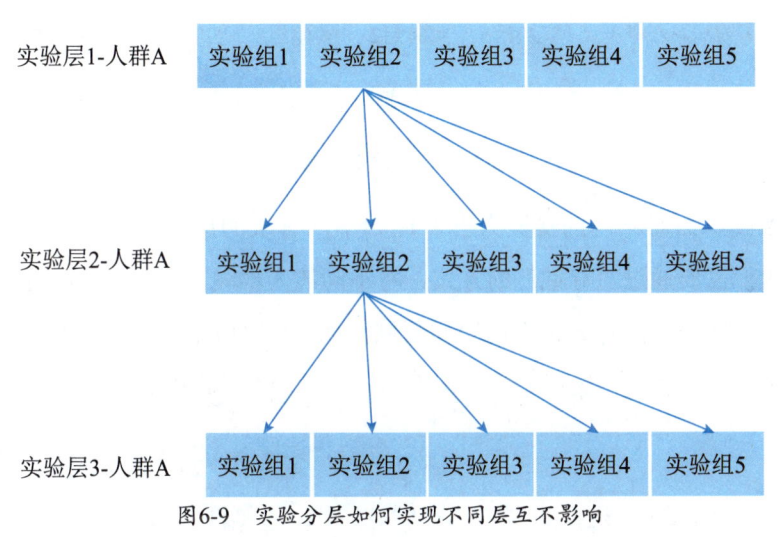

实验层1-人群A	实验组1	实验组2	实验组3	实验组4	实验组5
实验层2-人群A	实验组1	实验组2	实验组3	实验组4	实验组5
实验层3-人群A	实验组1	实验组2	实验组3	实验组4	实验组5

图6-9　实验分层如何实现不同层互不影响

6.5.3　如何实现实验人群的隔离

用"分域"的方式可以实现实验人群隔离。前面我们讲到分层的逻辑，是把每一个层中的每一个桶的人群平均分配到下一个实验层的不同桶中，但是最好确保同一个层中只有同一类用户，比如都是青铜等级的用户，这样把同一个桶中的人群平均分配到下一层的时候，才能确保下一层的每个桶中的用户都是同质的。如果一个实验层中出现了两个不同的人群，比如既有青铜等级的用户，又有白银等级的用户，那么在平均分配的时候，可能会导致下一个层中的一部分桶分配到了青铜用户，而另一部分桶分配到了白银用户，这样下一个层中不同桶中的用户就会出现明显的不同质，分层效果就会失效，如图6-10所示。

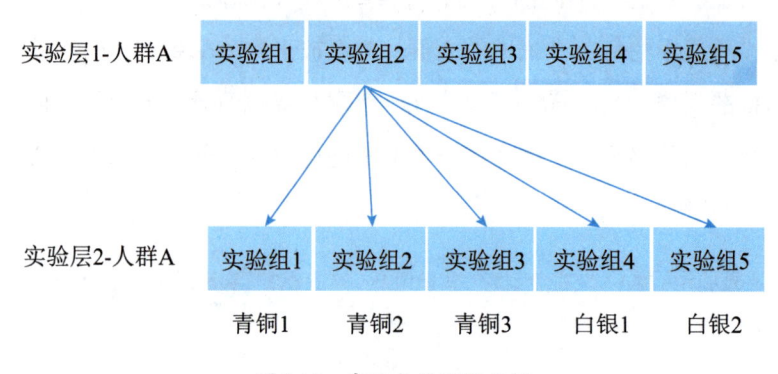

```
实验层1-人群A   实验组1  实验组2  实验组3  实验组4  实验组5

实验层2-人群A   实验组1  实验组2  实验组3  实验组4  实验组5
                 青铜1    青铜2    青铜3    白银1    白银2
```

图6-10　实验分层问题示例

因此，面对不同的实验人群，比如不同等级的用户、不同活跃度的用户，我们需要通过"分域"的方式，将不同的人群隔离开，比如将青铜、白银、黄金等级的用户分在不同的实验域，如图6-11所示，让不同的人群在不同的域中进行实验，这样才能确保不同实验之间互不影响。

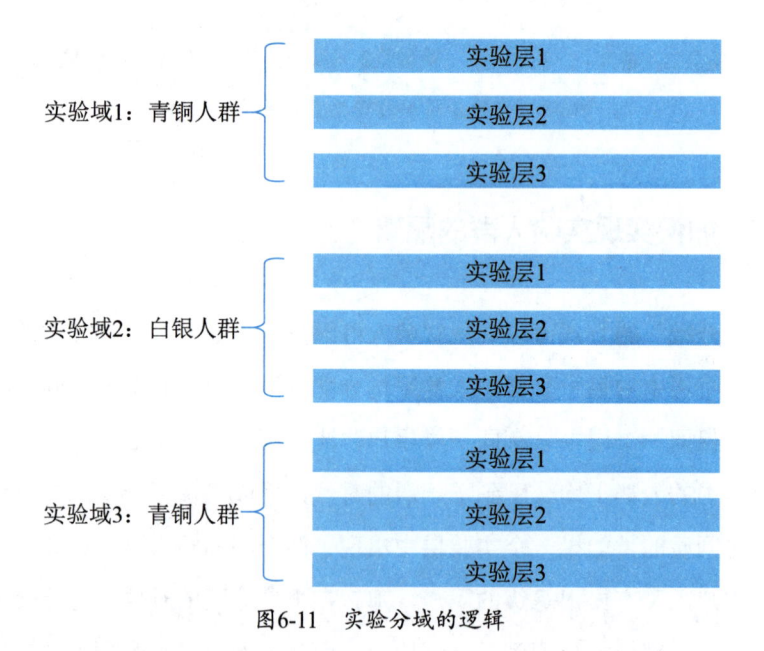

```
实验域1：青铜人群 ─┬─ 实验层1
                   ├─ 实验层2
                   └─ 实验层3

实验域2：白银人群 ─┬─ 实验层1
                   ├─ 实验层2
                   └─ 实验层3

实验域3：青铜人群 ─┬─ 实验层1
                   ├─ 实验层2
                   └─ 实验层3
```

图6-11　实验分域的逻辑

6.5.4 桶、层、域之间的关系总结

域的作用是隔离人群和实验，确保采用不同目标人群的不同实验之间互不干扰，因此域是通过区分人群来实现隔绝分流的，不同的域代表不同的人群。

层属于域的一部分，一个域内可以分多个层。分层是为了利用该域内同一个实验人群同时做多个实验并确保这些实验互不干扰，但是不管怎么分层，最终只会作用到该域内同一个实验人群。

桶属于层的一部分，一个层内可以分多个桶，分桶是为了将该层的实验人群分流，用于创建不同的实验组。

桶、层、域的关系如图6-12所示。

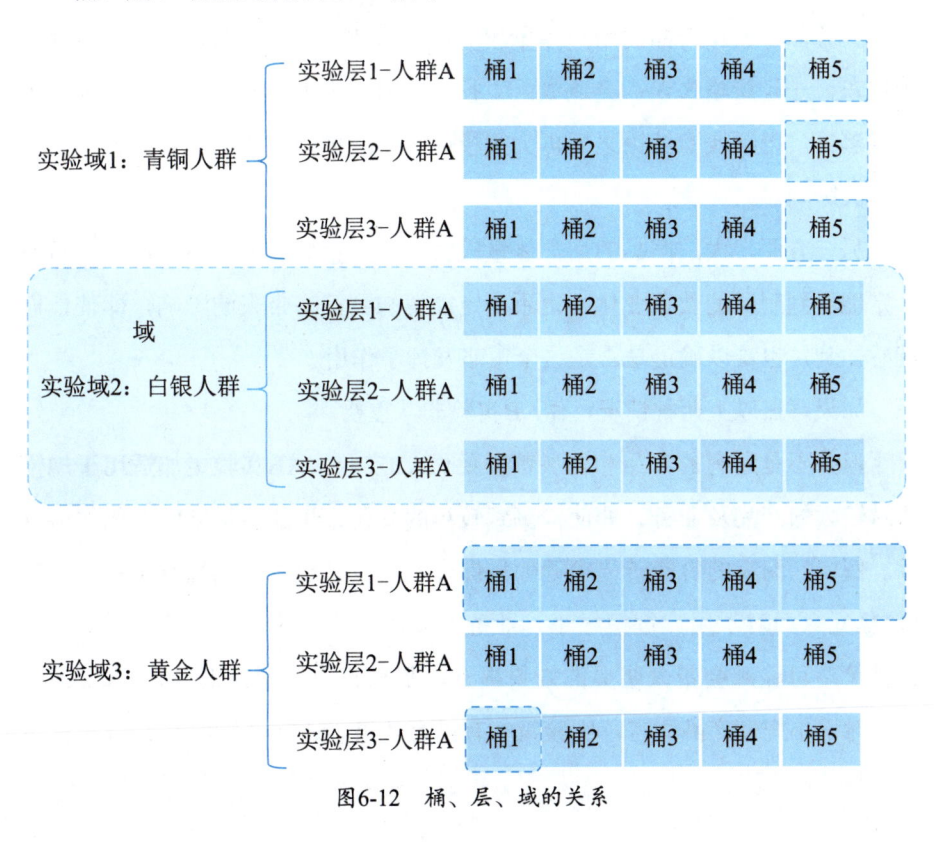

图6-12　桶、层、域的关系

6.5.5 桶、层、域的应用

桶、层、域的应用可以解决AB实验运行过程中出现的问题，可以将相关方案设计到AB实验系统中。目前，市面上有很多AB实验系统都将桶、层、域的概念融入实验流程中，理解它们的关系，有利于理解和使用AB实验系统。

6.6 并不是所有的产品和业务都需要 AB 实验

很多大厂的产品人员都提倡做AB实验，这是为什么呢？

一方面，大厂产品的用户体量较大，随便改动一个策略，都会影响大规模用户，一旦策略失误，会造成巨大损失，所以大家倾向于先用一小部分用户做测试，得到实验结论之后再大规模应用，这样即使策略无效，也不会造成太大影响。

另一方面，大厂产品的用户体量较大，一个策略落地之后，产品人员不一定能看到明显的数据变化，也不一定能感知到策略带来的影响，即使他们能感知到，也难以确定是否是这个策略发挥了作用。

如果存在以上两种情况，做AB实验非常重要。

但并不是所有的产品和业务都需要做AB实验，**AB实验更加适用于规模相对较大的产品及业务，即使检测到较小的变化，也能够带来较大的价值贡献**。例如，淘宝的付费转化率哪怕只提升0.5%，营收规模的增长可能都会超过1亿元。而对于用户规模很小，业务发展还不成熟的产品，随便采用一个优化策略可能都会带来明显的效果提升，那么我建议别花太多时间做AB实验。对于小规模产品而言，实验策略有没有效果，通常是显而易见的。

本章小结

在第6章，我围绕AB实验介绍了以下内容。

首先，我强调了科学地做AB实验的重要性以及AB实验常见的误区。如果你对AB实验还没有足够了解，当你在做AB实验的时候，可以检验一下实验过程中是否存在不合理的地方，无论如何你都要对你的实验结果负责。

其次，我通过一个实操案例讲解了AB实验的基本流程，并分享了AB实验的好处。

再次，我讲解了AB实验分流的原理并梳理了实验逻辑，可帮助大家更好地解决在AB实验中遇到的复杂问题。

最后，我强调了并不是所有的业务和产品都需要做AB实验，企业应根据自己的实际情况采用合适的实验方式。

第 4 部分
第二增长曲线

第7章 如何寻找用户第二增长曲线

7.1 为什么要寻找用户第二增长曲线

7.1.1 第一增长曲线是否还有增长空间

在前面三部分内容里，我们重点探索用户增长的关键杠杆和策略，目的是让存量的业务规模越来越大，但前提是，**不能脱离现有的产品形态和业务模式**。

通常，**在业务还不是非常成熟的情况下**，以上这些探索可能会成功，因为现有业务可能存在各种各样的问题，只要找到其中一个关键问题，并想办法优化它，可能就会带来立竿见影的效果。对于不成熟的业务，这样的潜在增长点比较多，看到用户增长效果的概率也会比较高。

但是对于非常成熟的业务，如果**只优化其中某一个环节，提升效果的难度比较大，或者说增长空间不大**。这时候你会沮丧地发现，在现有的业务模式下，不管怎么努力，用户很难再增长。

推进用户增长工作时，首先要摘取**"低枝果实"**，先做那些效果立竿见影的工作，然后尝试在现有业务模式下找到新的增长杠杆，集中资源并寻求进一步的增长。此时我们必须思考一个问题：**现有的第一增长曲线是否还有**

增长空间，我们应该在第一曲线上继续寻找用户增长方法，还是直接寻找第二增长曲线？

7.1.2　第一增长曲线增长滞缓的原因有哪些

(1) **新增产品功能对产品价值的贡献边际递减**。在同一个用户需求范围内，一个产品的核心价值通常只有少数几个，也就是说，只能解决少数几个问题，并且前期提供的产品可能已经帮用户解决80%的问题，之后虽然持续地增加更多的功能，但是对产品价值的贡献是边际递减的。产品的价值只要没有显著提升，用户增长必然会放缓。

(2) **存量剩余市场规模缩减**。随着业务的发展，往往优先获得的是更容易获取的低枝果实的市场，随着获取的用户越来越多，剩余的市场规模会逐渐萎缩，用户增长越来越困难。

(3) **竞争对手挤压**。当市场上的竞争对手越来越多，竞争越来越激烈，也会导致用户增长的难度加大。

(4) **政策红利、投资红利和经济周期红利消失**。随着市场逐步发展起来，相关的政策管控更加严格，投资环境逐步恶化，经济周期的增长红利逐渐变少，大环境带来的增长利好逐渐消失。

(5) **缺乏新的技术变革**。在每一个时代的技术基础之上，产品的用户增长潜力是有天花板的，如果没有出现新的技术变革，很难找到新的用户增长突破口。

7.1.3　在第一增长曲线上寻找增长点，还是寻找第二增长曲线

理解了第一增长曲线增长滞缓的原因之后，当你接手一份用户增长工作的时候，就可以大致判断未来是应该在现有的业务模式下努力寻求用户增长，还是应该致力于寻找第二增长曲线。在判断是否应该寻找第二增长曲线

时，可以考虑如下几个问题。

(1) 现有产品迭代和新增功能的价值大不大。我们需要根据产品的实际情况判断目前产品的功能和用户需求的满足度，评估继续迭代和增加产品功能带来的价值大不大。

(2) 存量市场空间还有多少。对目前存量的市场空间和竞品的情况进行调研，评估目前市场存量的空间还有多少，能不能满足用户持续增长的需求。

(3) 技术和政策是否有利于现有产品销量持续增长。评估未来潜在的技术或政策红利，是否有利于现有产品销量的继续增长。

如果以上几个条件都不具备，那应该果断选择第二增长曲线。

7.1.4　要有探索第二增长曲线的意识

用户增长的概念最火的时候，是移动互联网兴起的那段时间，当时只要对产品稍微做一点优化和调整就能带来明显的用户增长，当时有一句话："随便扔个小石头，都能溅起水花。"所以增长黑客的概念大行其道，广受大家的关注。

现如今的情况，已经不比当初，在第一增长曲线上寻求用户增长已经变得困难。对于从事用户增长工作的朋友来说，除了要掌握前面提到的"用户增长6步法"，探索用户增长的核心技能，也要有寻找第二增长曲线的意识，避免自己的思维被现有的业务形态和模式束缚。

7.2　什么是用户第二增长曲线

第一增长曲线指企业当前核心业务的增长曲线。

第二增长曲线表示新市场、新产品或创新模式带来的增长。

第 7 章　如何寻找用户第二增长曲线

1. 第一增长曲线总会有触达天花板的一天

一个企业的产品通常会经历起步期、快速增长期和成熟期，产品的增长最终会趋于平稳并逐渐停滞，只有建立第二增长曲线才能带来新的增长。

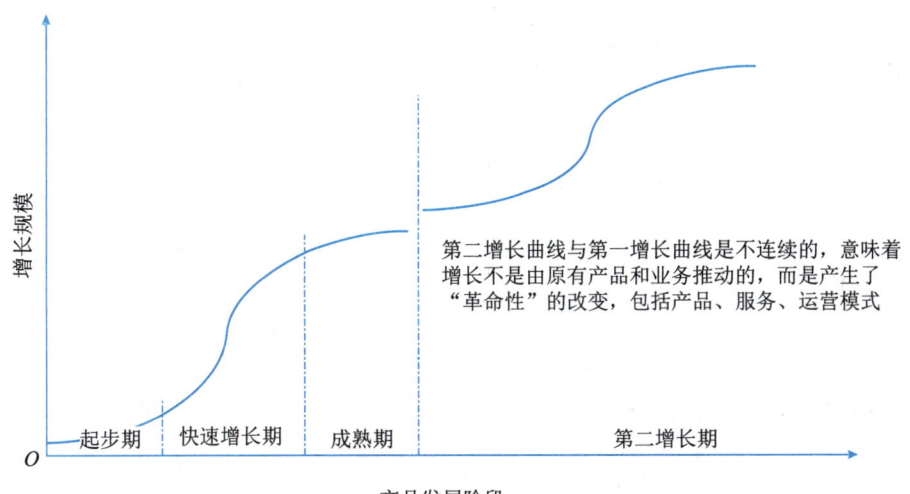

图7-1　第二增长曲线

2. 第二增长曲线与第一增长曲线是不连续的

企业想要获得更高速的增长，必须建立第二增长曲线。第二增长曲线与第一增长曲线是不连续的，这意味着第二增长曲线不是建立在原有的产品和业务形态上，也就是说，原有产品和业务产生了"革命性"的改变，这里的"改变"，可能包括如下几种情况。

(1) 在现有用户的基础上，拓展用户的其他需求。

(2) 跳出现有的市场，把现有的模式复制到更多市场，比如拓展海外市场。

(3) 跳出现有的目标用户，拓展其他目标用户。

(4) 跳出现有的服务模式，在服务模式上做创新。

(5) 通过技术创新，升级甚至颠覆原有的产品和服务。

7.3 用户第二增长曲线的行业案例

7.3.1 通过延伸产品和服务，寻找第二增长曲线

纵观苹果公司(以下简称苹果)的发展历史，乔布斯带领苹果开辟了多个第二增长曲线，其中包括iPhone系列手机第二增长曲线以及服务第二增长曲线。

1. 从个人电脑到iPhone

1984年，苹果推出了Macintosh电脑，通过图形用户界面和鼠标操作方面的创新，开创了个人计算机的新纪元。20世纪90年代，微软的Windows操作系统开始占据主导地位，苹果在全球个人电脑市场的份额一再下降。到1997年，苹果面临财务困境，股价跌至历史低点，公司濒临破产。

后来，乔布斯带领苹果将业务重心从电脑转移到手机设备上。2007年，乔布斯在Macworld大会上发布iPhone，iPhone迅速成为苹果的主要收入来源；至2011年，iPhone带来的收入已占公司总收入的43%。2007年，苹果的市值不足1000亿美元；到2024年，苹果的市值已经超过3万亿美元。

在这一次转变中，**苹果在硬件发展的道路上，从电脑向手机延伸，通过手机开辟第二增长曲线**。

2. 从硬件到服务

2007—2015年，苹果的核心收入主要来源于硬件。2015年以后，苹果开始拓展服务收入，Apple Music(苹果音乐)、Apple Pay(苹果支付)、iCloud(云服务)和App Store(应用商店)开始成为苹果收入增长的重要驱动力，服务收入的占比持续提升。2023年，服务业务贡献852亿美元收入，占苹果总收入的22%，成为苹果重要的收入来源。在这一次转变中，苹果通过服务业务找到第二增长曲线。

7.3.2 通过市场复制，寻找第二增长曲线

市场复制就是把相同的产品从A市场复制到B市场，典型案例就是国内产品出海。说到出海，字节跳动公司的TikTok是最成功的案例之一。

抖音在国内成功之后，2017年，字节跳动公司开始拓展海外市场。初期，字节跳动主要通过自然增长和口碑传播进入亚洲市场，如日本、韩国和东南亚国家或地区。2017年11月，字节跳动以10亿美元收购了北美短视频平台Musical.ly，并将其改名为TikTok，TikTok正式进入欧美市场。截至2024年10月，TikTok全球日活跃用户数(DAU)突破10亿人，成为全球日活突破10亿人的5个App之一，其余4个日活突破10亿人的应用是Facebook、WhatsApp、Instagram和YouTube。

7.3.3 通过拓展目标用户，寻找第二增长曲线

任天堂曾经凭借经典游戏"超级马里奥兄弟"在日本电子游戏市场建立崇高的地位。1994年，索尼推出了第一代Play Station家用游戏机，Play Station的性能和画质比任天堂的产品更出色，该产品销量超过1亿台，直接把任天堂从游戏王者的宝座上拉了下来。

1996年，任天堂推出一款游戏机产品N64，其性能和画质比索尼更出色，但却没有取得成功，反而使得任天堂与索尼的差距越来越大。主要原因是任天堂新产品性能太强，很多游戏软件厂商在短时间内制作不出这么强性能的游戏，于是游戏软件厂商纷纷倒向索尼，任天堂再次遭遇挫败。

一直到2003年，任天堂第四任总裁岩田聪上任后，提出了不一样的用户增长策略，逐步挽救了任天堂。该策略的核心思路是，**跳出以男性和专业玩家用户为主的局限，拓展女性和老年人用户，拓展非专业玩家用户**。

1. 设计适合女性和老年人的游戏，拓展女性和老年用户

传统的游戏玩家基本都是男性用户，女性用户和老年人用户比较少。任

天堂开始思索，能不能做一款女性和老年人也能玩的游戏，拓展新的市场。

针对女性用户，任天堂根据女性喜欢逛街、聊天的特点设计了一款逛街、串门的社交游戏，面向十几岁和二十几岁的女性用户，该游戏上线后一度出现断货的情况。

针对老年人用户，任天堂抓住健康这个主题，设计与老年人健康有关的游戏，当年销量位居全球游戏软件第二名。

2. 降低使用门槛，从专业玩家拓展到普通玩家

与很多产品一样，任天堂的产品越来越复杂，比如游戏机手柄上的按钮越来越多，很多用户不会使用。后来任天堂化繁为简，降低使用门槛，减少游戏手柄上的按钮。同时，任天堂开始招聘一些非游戏专业的员工，从非专业游戏人员的角度去设计产品。

7.3.4 通过服务模式创新，寻找第二增长曲线

如今，订阅模式已经成为SaaS(软件运营服务)产品的主流付费模式。但在2013年以前，订阅模式并非SaaS产品主流的付费模式，当时更多的产品采用**软件授权的付费模式**，也就是软件提供方向企业客户提供软件授权，企业客户一次性支付高额费用便可获得软件使用权，软件版本更新的时候，企业如果想要使用新版本软件，还需要支付额外的费用。

老牌办公软件企业Adobe当年也采用软件授权的售卖模式，在该模式下，其软件销售业务每年可以为公司贡献非常可观的收入。但由于Adobe的客户数基本稳定，软件营收主要依靠发布新版本以及提升软件的价格，增长空间比较有限。此外，在该模式下，产品需要18～24个月才能进行一次更新，客户不能同步获取最新的产品，这样的模式比较落后，无法满足企业的需求。

新兴公司Salesforce的出现，证明了订阅模式在软件行业的潜力。2013年，Adobe坚定地选择转型，从一家授权软件公司转型为一家SaaS订阅公

司。**在转型阵痛期，Adobe收入下降了7.9%，利润下降了65.8%**，但在转型之后的5年内，收入和利润明显回升，得到了投资人的认可，Adobe股价翻了3倍。

Adobe的成功，在于其转型的决心，能在当时顶住短期营收下滑的压力，继续推进转型和创新。今天，订阅模式更加普及且得到市场的普遍认可。如果当时Adobe没有坚定转型，现在可能已陷入困境。

7.3.5 通过技术创新，寻找第二增长曲线

技术创新带来第二增长曲线的案例非常多，在表7-1中，我列举了20多年来发生的几次重要的技术革命，每一次技术革命都会催生新产品，并替代旧产品，这个是工业革命以来的铁律。作为互联网人，我们一定要关注技术创新，特别是重大技术革命，距离我们最近的一次技术革命是移动互联网，接下来我们将会迎接大模型带来的AI技术革命。

表 7-1 技术革命带来的产品更替

时间	技术革命	描述	被颠覆的产品	新产品
2000—2010年	数码技术革命	从模拟信号技术到数字信号技术	胶片相机(柯达)	数码相机(索尼)
			实体音乐媒体(CD)	数字流媒体
			DVD	数字流媒体
2007年至今	移动互联网	移动互联网技术的兴起	诺基亚	iPhone
			传统出租车	网约车
2010年至今	云计算	软件上云及SaaS服务	传统软件	SaaS软件

7.4 如何探索用户第二增长曲线

前面列举了几个建立第二增长曲线的成功案例，接下来我们系统思考一下，对一个比较成熟的产品而言，如何探索产品的第二增长曲线。

为了避免内容过于枯燥，我以一个我曾经服务过的产品WPS为例，描述WPS如何在过去的三十多年里不断地探索第二增长曲线。

7.4.1 基于产品的存量用户，开发可延伸的产品和服务

这个思路的关键，是充分利用存量用户，持续地挖掘现有用户的价值。

在成熟的业务中，产品已经积累了一定规模的用户，我们可以思考这些用户是否有其他延伸的需求，是否可以通过满足这些用户延伸的需求来寻找新的增长点。

必须注意的是，延伸的产品或服务应该建立在原来产品的基础上，要跟原来的产品有一定关联，不能完全不相关。

为了探索更多的用户需求，我们基于不同生命周期、使用链路、使用场景绘制用户需求路径图，尝试从中寻找产品和服务延伸的方向。

以WPS的用户增长实践为例，其产品和服务的延伸方案如图7-2所示。

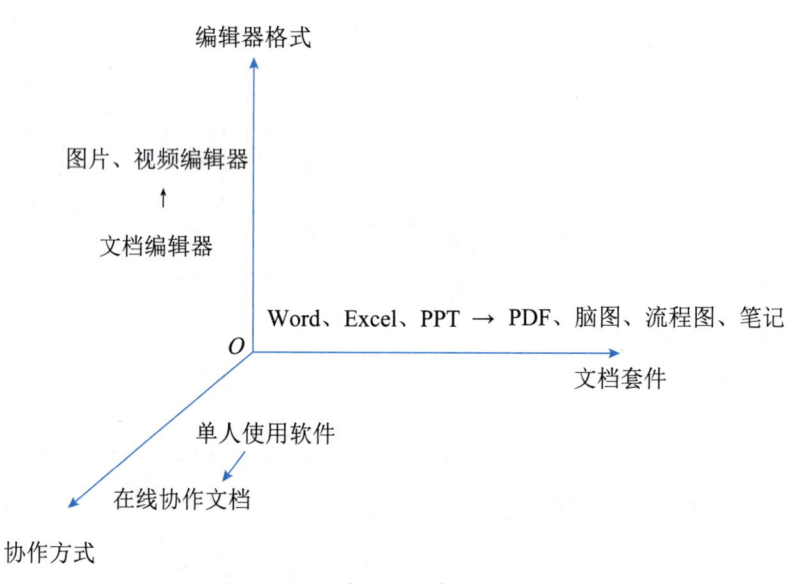

图7-2　WPS产品和服务的延伸方向

（1）**基于文档套件类型的角度**。WPS早期产品主要是传统三件套，即

Word、Excel、PPT。除了这3个产品，还包括PDF、脑图、流程图、笔记等文档产品。产品延伸战略使其成为一个综合性的办公文档产品。

(2) **基于协作方式的角度**。WPS最初的产品只能满足个人单机使用，后来开始支持多人协作的方式，延伸出在线协同文档的产品形式。金山文档成为金山办公集团(WPS Office的母公司)继WPS之后的第二个亿级用户规模的产品，巩固了金山办公在文档领域的竞争优势。

(3) **基于编辑器的角度**。从最早的文档编辑器，逐步拓展到图片编辑器、视频编辑器等产品。目前，图片编辑器逐渐成为影响用户购买个人会员的关键因素。

7.4.2 寻找可以复制的市场

基于在国内的顺利发展，2007年，WPS开始进军日本市场，开启了国际化道路。截至2024年，WPS在海外拥有过亿用户，出海让WPS找到了用户第二增长曲线。

7.4.3 寻找可以拓展的其他目标用户

早期，WPS的用户以政府公务员为主，后来慢慢覆盖企业职员用户，再后来重点拓展学生和教师用户，不断获取的新用户带动了用户增长。

在拓展目标用户的时候，需要思考如下几个问题，从而判断目标人群是否合适。

(1) 当下还有哪些人群也在使用产品？

(2) 目前产品功能是否能够满足这些人群的需求？

(3) 围绕新的目标用户增加更多的产品功能，是否能带来进一步的用户增长？

7.4.4 服务模式的创新

服务模式创新可能会给产品带来颠覆性的用户增长，但需要对产品进行较大的改动，所以很考验企业和产品负责人的眼光和决心。WPS在服务模式创新方面经历过两次转变。

(1) **2005年，从个人版完全付费向个人版基础功能免费、增值服务付费模式转变**。这一次转变，让WPS的用户规模快速增长，促使其发展成为一个被广泛使用的办公软件。2023年，金山办公主要产品的月活跃用户已达5.98亿，个人会员贡献26.5亿元的收入，该收入占公司整体营收的58%，个人订阅成为金山办公主要收入来源。

(2) **最近几年，开始学习Adobe，从软件授权的付费模式向订阅模式转变**。目前该调整可能还处在阵痛期，具体的效果要在未来才能看到。

7.4.5 技术创新

在三十多年的发展历程中，几次重大的技术创新为WPS带来了显著的用户增长。

1. 移动互联网革命和WPS移动端

在国内外办公软件厂商都认为"办公软件的主战场是电脑端而不是移动端"的背景下，WPS在2011年发布移动端办公文档软件，并持续地迭代，目前WPS移动端的月活用户数已经超过电脑端的月活用户数，为WPS的用户增长做出了极大的贡献。

2. 软件上云和金山文档

在云计算盛行的时候，金山办公推出了协同文档产品金山文档，快速抢占了协同文档市场，为金山办公的用户增长做出了极大的贡献。

3. 大模型和WPS AI

2023年，大模型的出现让WPS找到了新的发力方向，金山办公推出对标

第 7 章　如何寻找用户第二增长曲线

微软Copilot的WPS AI，再次受到市场的广泛关注。虽然目前我们还不能确定AI是否能给WPS带来明显的用户增长，但作为一个AI信仰者，我相信AI会给WPS带来另一个增长曲线。

本章小结

在本书的最后一章里，我尝试探索另外一个难度更大的问题，即如何跳出现有的业务，探索新的用户增长点。我介绍了如下几部分内容。

(1) 第一增长曲线增长放缓的原因，以及为什么要寻找用户第二增长曲线。

(2) 通过几个成功案例，思考可以从哪些方向探索第二增长曲线。

(3) 以WPS为例，进一步思考如何探索第二增长曲线。

附录

1. 关注微信公众号"三白有话说",回复"附件",即可领取全书所有的脑图和逻辑图的高清电子版。

2. 关注微信公众号"三白有话说",回复"切包工具",即可领取实验切包工具。

3. 实验样本量在线计算工具:https://www.evanmiller.org/ab-testing/sample-size.html

4. 实验结果显著性计算工具:https://www.evanmiller.org/ab-testing/chi-squared.html

后记

1. 本书对读者有哪些帮助

在过去一年时间里,我的文章在公众号、知乎、人人都是产品经理社区等平台上,获得了近十万个朋友的阅读,其中300多个读者加了我的微信并向我表达了感谢。其实真正应该表示感谢的人是我,因为用心创作之后获得别人的认可是最令人开心的事情。

通过读者的反馈,我了解到,大部分从事用户增长工作的朋友,普遍面临这样的问题——尽管阅读了大量与用户增长相关的文章,但是知识体系散乱,未能实现逻辑闭环,关键是不知道怎么将用户增长策略落地。这本书中的内容能够帮助他们解决如下几个场景的问题。

(1) **工作场景**。对企业里的用户增长产品经理和运营人员,本书为他们提供了一套方法论和操作教程,使他们能够独立制定清晰的用户增长策略。有几个读者朋友让我印象非常深刻,其中一个朋友看完我的文章之后,带着自己绘制的业务脑图约我喝咖啡。我们讨论了一个下午,收获非常多。还有一个朋友把我文章里的脑图设置为他公司电脑的桌面壁纸,想以此引导自己时刻思考用户增长工作。

(2) **求职面试场景**。对准备跳槽的朋友,本书所介绍的工作经验,有助于他们在求职面试的过程中清晰地讲述自己的职业故事。有几个朋友按照我在文章中梳理的思路绘制自己工作经历的脑图,在和我交流的过程中,他们尝试用自己的话讲述出来。

(3) **学习场景**。对大部分读者，本书能够帮助他们把之前掌握的零散的概念和方法串联起来。很多朋友会把我的文章收录起来，反复阅读，常读常新。有些公司还把我的文章收录到内部知识库以及学习社区，将文章分享给内部员工学习，这是我莫大的荣幸。

2. 来自读者的反馈

在我撰写本书的过程中，我向部分读者发放了关于本书内容的调研问卷，邀请他们讲述本书给他们带来的帮助，提出一些内容方面的建议，甚至请他们帮我的书起个名字。非常感谢他们真诚地向我提出了很多重要的意见，为我提供了很多灵感。

下面分享几则朋友的反馈，由于篇幅有限，无法将所有朋友的反馈都罗列出来，还请朋友们原谅。

> 这本书帮我建立了体系化且能落地的认知，能够即学即用，适用于国内整个网络服务市场。本书非常值得刚入行或者想在用户增长方面进一步发展的小伙伴阅读。与其他同类书不同的是，这本书里不只有概念，还有很多能够落地的内容，读完之后需要自己去摸索。
>
> ——天工用户增长产品经理

> 我是一款海外工具类产品负责人，这本书对我非常有帮助，其中，用户增长公式模型对我有较大启发，以前我的方法论不成体系，这本书帮我把它们串起来了。这本书实战性强，通用性强，我认为三白可以用这个框架去推广不同的产品。
>
> ——海外健身工具类产品用户增长负责人

> 我在工作中也会通过图书、网络社区、教学平台等渠道学习运营知识，但是并不能深刻理解和直接运用。这本书中有以下几点让我印象深刻。

> 1. 文章整体结构异常清晰，读者可以跟着作者思路一起去思考；
> 2. 真正做到了方法论和实践相结合；
> 3. 实操过程特别详细，实现逻辑闭环；
> 4. 读起来特别流畅，让人沉浸其中。
>
> ——华为短视频产品增长产品经理

> 对我们团队来说，这本书最大的价值是给出了一个清晰、明确、可执行的框架。比如北极星指标和Aha时刻，我们自己开展业务的过程中，往往找不到这些关键点。通过本书，我们掌握了这些概念，在团队内部开会的时候，我们能够有针对性地思考相关问题。
>
> ——前阿里和字节增长专家，国内某教育公司总监

至此，本书的全部内容撰写完毕。写到这里的时候，我的内心非常舒畅。我不知道本书内容对我的读者是否有用、能否给他们提供一些帮助，但是至少对我个人而言，写作本书的过程是我对用户增长工作进行系统思考的过程。在写作本书的几个月里，我每天都是非常快乐的，我非常享受写作的过程。在未来的日子里，我还会继续创作，根据我的职业经历，为我的读者创作更多有价值的内容。